Zukunft Leben

Die Überlebensformel

Leben mit Verantwortung –
Verstand und Anstand

Effizient das Richtige tun

Copyright h-eureka, erweiterte Ausgabe 2016

Alle Rechte, auch das Recht des auszugsweisen Nachdruckes, der Speicherung in Datenverarbeitungsanlagen und der Übersetzung, vorbehalten.

Autor: Robert Lackner (Texte; Bilder, Zeichnungen)
r.lackner@h-eureka.com
Website: www.h-eureka.com

Herstellung und Verlag:
Books on Demand, Norderstedt
ISBN 978-3-7392-4512-6

Die Lösung liegt in der Balance:

Freiheit	<>	Achtsamkeit
Eigenverantwortung	<>	Solidarität
Gerechtigkeit	<>	Einfachheit
Effizienz	<>	Sinnhaftigkeit
Wohlstand	<>	Anstand

Fair gegenüber allen Lebewesen sein,

verantwortungsvoll handeln

und effizient das Richtige tun.

Inhaltsverzeichnis

Vorwort 11

Status quo 12

Viel Geld, viel Schuld – und, ohne Schulden kein Geld 14

Der freie Markt ist gut – aber nur unter einer Bedingung 16

Wirtschaftsbegriffe im Wandel der Zeit 18

Besser tun 19

Blick in die Zukunft 22

Nullkommaeinprozent 24

Konjunkturbremse Transaktionssteuer 25

Sackgasse 26

Rettungsschnitt – geordnet und freiwillig 30

Nuancen einer Perspektive 32

Wirtschaftswachstum.. 33

Selbstzweck Geld 39

Leben auf Pump 40

economy of scale 41

Sinn einer Währungsunion 42

Engagement, Verantwortung und Zentralismus 44

Bla-bla-bla	46
Wachstumsmotor „Freihandelsabkommen EU-USA"	48
EU-Rabatt	49
Sparen	50
Effizienz in der Bürokratie	51
Wahrheiten in der Politik	55
Bildungsauftrag	57
Innovation: Der Schneeflockenblaser	59
Zahlenspielerei	61
Tatort Papier	63
Im Theater – Fiktion oder Analogie einer Realität?	64
Normal, krank oder vertrottelt?	65
Lachen oder Weinen?	68
Die Überlebensformel: $(A + R) * E = L_{mV}$	75
Das System ist falsch	76
Solidarität und Fairness	78
Fakten und Trends zur Überlebensformel	81
Arbeit, Einkommen, Vermögen	81
Ressourcen	96

    Boden, Wasser, Energie, Klimawandel 101

    Unerwünschte Nebenwirkungen 108

Aufgaben, Probleme wirksam lösen 116

    Menschen in Not / Menschen auf der Flucht – Ein Vorschlag 116

Eine Bitte an die Politik – Brief vom 9. Oktober 2015 119

Wirtschaftssystem mit Zukunft 123

Lebensqualität mit Verantwortung 127

Es gibt viel zu tun 130

Definitionen 131

Bücher 133

    Diagnose Übermaßunmäßigkeit 133

    Integration von Qualität 134

    Ein Plädoyer für das richtige Maß 135

    Wie viel Verrücktheit geht noch? 136

    Besser tun 137

Notizen 139

Vorwort

Die Erde kann nicht so viel geben, um den Ressourcenhunger der heute lebenden Menschen auf unserem Planeten zu stillen. Und sie kann die Nebenwirkungen menschlichen Handelns nicht ausreichend verkraften.

Wir leben heute auf Kosten der Zukunft.

Und – es würde mehr als die eine Erde brauchen, damit alle Menschen so leben können, wie sie es in den „entwickelten Staaten" tun.

Das ist Tatsache, ohne detailreiche Statistiken bemühen zu müssen.
Und diese Erkenntnis sollte reichen, um zu erkennen, dass das System falsch ist.

Falsch, weil in den Überfluss- und Wegwerfgesellschaften Sinnkrisen, Arbeitslosigkeit, soziale Ungleichheit und Staatsverschuldungen den Alltag bestimmen.
Und, weil immer mehr Menschen an Fettleibigkeit leiden, während gleichzeitig viele Millionen Menschen den Hungertod sterben.

Und – das System ist mehr als falsch, wenn die Prognosen über steigende Bevölkerungszahlen in den Entwicklungsländern eintreffen.

Status quo

Eine Milliarde Menschen hungert und/oder leidet unter Trinkwassermangel. Alle drei Sekunden stirbt ein Mensch an diesen Folgen. Und andererseits, in vielen Ländern der Erde gibt es dramatische Anstiege bei der Fettleibigkeit. Mehr als jeder dritte US- Amerikaner ist fettleibig.

Die Weltbevölkerung hat sich in den letzten 70 Jahren verdreifacht und sie steigt weiter. Die Menschen werden immer älter. Die Lebenserwartung steigt seit vielen Jahren. In Europa im Durchschnitt um ca. 3 Monate pro Jahr.
Die Herausforderungen dabei sind u. a. die sozialen Sicherungssysteme, der Arbeitsmarkt und der gesellschaftliche Zusammenhalt.
In den Wegwerf- und Überflussgesellschaften sind die Grenzen für ein stetiges Wachstum überschritten. In den letzten 20 Jahren haben viele Staaten über ihre Verhältnisse gelebt und Schulden angehäuft. Trotzdem steigt die Arbeitslosigkeit. In der EU hat mehr als jeder fünfte Jugendliche keine Arbeit.

Würden alle Menschen auf dieser Erde so leben wie beispielsweise die Amerikaner, dann würden die landwirtschaftlich verfügbaren Flächen bei weitem nicht ausreichen. Es würde mehrere Erden brauchen.

Die Massentierhaltung wächst weiter, die Fleischfabriken werden immer größer. In der industriellen Tierhaltung werden viele Milliarden Tiere ein Leben lang gequält und „leben" für den Tod.

In den letzten 100 Jahren haben die Menschen durch ihr Handeln das Klima merkbar beeinflusst und damit längerfristig wirkende externe Einflüsse überhöht. Die vom Menschen verursachte Klimaänderung wird den Menschen in viele Regionen der Welt Leid und Tod bringen.

An der Entwicklung des Welthandelsvolumens kann sehr deutlich die zunehmende Globalisierung der Wirtschaft erkannt werden.
Seit Anfang des 21. Jahrhunderts liegt die Zunahme des Welthandels erheblich über dem Wachstum der globalen Wirtschaft. Es sind zum Teil unnötige und unsinnige Transporte und Verteilungsstrukturen. Unter anderem für Lebensmittel, welche im Nahbereich erzeugt werden könnten.
In hundert Jahren haben die Menschen einen Großteil der in Millionen Jahren „gewachsenen" fossilen Energieträger (und der fossilen Wasservorräte in Dürreregionen) verbraucht. Die für den Menschen nutzbaren Quellen fossiler Energieträger werden immer knapper.

Geld ist zum Selbstzweck mutiert. In den letzten 20 Jahren sind die Finanztransaktionen um mehr als das Zehnfache gestiegen und betragen inzwischen mehr als das Zehnfache der Weltwirtschaftsleistung. Spekulationen mit vom Basiswert entkoppelten Derivaten, Leerverkäufe und der Hochfrequenzhandel destabilisieren und zerstören eine kontinuierliche Entwicklung.
Immer mehr Wirtschaftsbetriebe werden von Finanzspekulanten übernommen. Das Interesse liegt in der größtmöglichen Rendite, im Profit. Das Gemeinwohl hat keine Stimme. Der angestrebte, kurzfristige Gewinn steht oft im Konflikt mit Entwicklungsprozessen und längerfristigen Folgen.
Die Wirtschaftszauberformel „economy of scale" beflügelt den Trend zur Größe. Doch oft sind die ökologischen und sozialen „Kosten" unberücksichtigt. Mangelnde Überschaubarkeit und die fehlende Nähe zu Mitarbeitern, Kunden und Lieferanten sind Grenzen der Größe.
Innerhalb eines Systems von Volkswirtschaften führen längerfristige (strukturelle) Ungleichgewichte in den Leistungsbilanzen zum Zusammenbruch des Systems. Ein einheitliches Währungssystem für uneinheitliche Volkswirtschaften nimmt den Volkswirtschaften einen wichtigen Regulator (und somit auch Initiator) für eine ausgeglichene Leistungsbilanz.

Viel Geld, viel Schuld – und, ohne Schulden kein Geld

Auch wenn es auf den ersten Gedanken fremd wirkt: Ohne Schulden gäbe es kein Geld. Damit noch nicht genug: Die Summe aller Schulden auf dieser Welt ist größer als die Summe aller Guthaben. Dafür sorgen die Zinsen für die Schulden.
Und – die Summe aller Nettogeldvermögen ist minus Null.

Das gesamte Geldvermögen dieser Welt würde nicht ausreichen, um die Schulden zu tilgen. Und – die Geldmenge (M1, M2 und M3) und damit die Schulden steigen unaufhörlich.
Im Zeitraum 2000 bis 2010 hat sich die Geldmenge in der EU (17) um mehr als 100% – von 10,8 auf 22,1 Billionen Euro erhöht. Die Schulden werden immer höher und die Gläubiger immer reicher.
Die Staatsschulden in der EU (17) sind 2012 auf 8,5 Billionen Euro (90% vom BIP) und die Verbindlichkeiten der Banken (Passiva in den Bankbilanzen) sind auf über 30 Billionen Euro gestiegen.

Das Nettogeldvermögen der privaten Haushalte im Euroraum beträgt derzeit etwa 13 Billionen Euro (Im Durchschnitt pro Kopf ca. 40.000 Euro und pro Haushalt ca. 100.000 Euro) – ohne dem in Steueroasen versteckten Geld. Weltweit wird dieses „Oasen-Vermögen" auf 16,4 bis 25 Billionen Euro geschätzt.
Im gleichen Zeitraum (von 2000 bis 2010) ist die reale Wirtschaftsleistung um 11,6 % gestiegen und die Inflation hat das Geld um 23 % „entwertet".

Mehr Geld und die ungezügelten Freiheiten auf den Finanzmärkten haben die weltweiten Finanztransaktionen beflügelt. Beispielsweise die Umsätze auf den Devisenmärkten: 420 Billionen US-Dollar (2007). Das Volumen des Welthandels (Handel mit Gütern und Dienstleistungen) betrug in diesem Zeitraum 11 Billionen US-Dollar (WTO 2007). Das entspricht den Umsätzen von fünf Börsentagen.

Die dynamische Entwicklung der Finanzmärkte hat zu der Situation geführt, dass die Devisen- und Kapitalbewegungen heute ein viel größeres Ausmaß haben als die Geldbewegungen, die auf die Realwirtschaft zurückzuführen sind. In dieser Dimension der Finanztransaktionen steckt eine ungeheure, unkalkulierbare Sprengkraft.

Da Gewinner Verlierer brauchen und auch Verlierer in der realen Welt leben, hat dieses Spiel eine verheerende Wirkung auf die reale Welt. Jede Instabilität des Finanzsystems, das Platzen von Finanzblasen, vergrößert die Kluft zwischen Arm und Reich. Ohne Leistung, ohne dass sich der Unterschied durch manuelle oder geistige Arbeit begründet.

Das Tauschobjekt Geld wurde zum Selbstzweck, zum Spielgeld im weltweiten Finanzkasino. So weitermachen wird unausweichlich zum leidvollen Crash führen. Die gefährlichen Übertreibungen ungeregelter Finanzmärkte und die Doppelmoral beim Hofieren von Finanzhaien müssen entschlossen beendet werden.
Und die Schwarzgeld-Steuerfluchtoasen trocken gelegt werden. Durch globale Regeln und Verbote.

Einfach und wirksam.

Damit Geld wieder das wird, wofür es gedacht war – ein praktischer und vertraubarer Tauschwert für reale Dinge.

Der freie Markt ist gut - aber nur unter einer Bedingung

Man kann es tagtäglich erleben: Der freie Markt funktioniert, wenn das Anstandsniveau entsprechend hoch ist. Jedoch – je freier der Markt, je höher muss das Niveau sein, sonst wird über den Tisch gezogen, dass die Beine krachen. Die Verlierer sind dann oft die Leistungsnehmer und/oder die am Deal Unbeteiligten, die Steuerzahler, die anderen.

Immer dann, wenn der Geldfluss nicht dem Leistungsfluss folgt (dann sind meistens Unbeteiligte im Spiel) oder, wenn es Abhängigkeiten gibt (die Leistung nicht oder kaum beurteilbar ist), wird es heikel.
Äußerst gefährlich sind auch die „Boni". Sie steigen, wenn der Preis oder Umsatz steigt, unabhängig davon, ob das Geschäft dem Geschäftspartner nützt oder schadet.

Es kann sich also lohnen, sich mit den Motiven von Leistungsnehmern und Leistungserbringer auseinander zu setzen.

Beispielsweise möchten ...

... Interessensgruppen ihre Anliegen erfüllt haben und die Politiker möglichst viele Stimmen für ihre Wiederwahl bekommen (und manchmal ein materielles Dankeschön).

... Entscheidungssuchende eine für sie optimale Lösung suchen und der Lobbyist Geld verdienen (an der Lösung mit dem für ihn höchsten Verdienst).

... Besitzende für ihr Erspartes gewinnbringende (hohe) und sichere Renditen und der Wertanlagenhändler an der Veranlagung möglichst viel verdienen (auch dann, wenn er/sie nicht ganz genau weiß, was er/sie da verkauft).

... Patienten gesund werden (oder krankgeschrieben werden) und der Arzt, dass der Patient gesund wird und Geld verdienen (oder umgekehrt).

... Fahrzeugbesitzer den Schaden (und ev. zusätzliche andere Schäden) behoben haben und der Werkstättenbesitzer Geld verdienen (und auch, dass der Kunde wiederkommt).

...

Schon möglich, dass diese Motivlagen zu einer optimalen Lösung führen können (für alle, die Beteiligten und auch für die Unbeteiligten).

Sehr viel wahrscheinlicher wird es jedoch sein, wenn das Anstandsniveau stimmt.

Daher: Der freie Markt ist gut, aber nur unter dieser Bedingung.

Wirtschaftsbegriffe im Wandel der Zeit
Neue Grundlagen für Schlaraffenlandphilosophen

Sparen
Früher: Zur Seite legen, für die Zukunft vorsorgen.
Neu: Weniger mehr ausgeben, als man erarbeitet hat.

Kaputtsparen
Früher: unbekannt
Nun: Reduktion der Geschwindigkeit beim Schuldenaufbau.

Eigenverantwortung / Leistungsbereitschaft
Früher (aus „Wikipedia"): *Als Eigenverantwortung (auch Selbstverantwortung) bezeichnet man die Bereitschaft und die Pflicht, für das eigene Handeln, Reden und Unterlassen Verantwortung zu tragen. Das bedeutet, dass man für sich selbst sorgt und dass man für die eigenen Taten einsteht und die Konsequenzen dafür trägt, wie es in der Redewendung „sein Schicksal in die eigene Hand nehmen" zum Ausdruck kommt.*
Neu: Menschen, welche mehr leisten und sich weniger leisten, verdienen an den Menschen die weniger leisten und sich mehr leisten. Daher sollten sie diesen Verdienst wieder zurückgeben (müssen) und damit die Schulden der Sichmehrleister bezahlen.

Subsidiarität
Früher (Wikipedia): *eine politische, wirtschaftliche und gesellschaftliche Maxime, die die Entfaltung der individuellen Fähigkeiten, Selbstbestimmung und Eigenverantwortung anstrebt. Danach sollten Aufgaben, Handlungen und Problemlösungen so weit wie möglich selbstbestimmt und eigenverantwortlich unternommen werden, also wenn möglich vom Einzelnen, vom Privaten, von der kleinsten Gruppe oder der untersten Ebene einer Organisationsform.*
Neu: Eine Zentrale sagt, was bis wann zu erledigen ist, damit man sich nicht mehr leistet, als man leistet.

Besser tun

Wenn es besser werden soll, dann muss es mehr gute – besser noch, die besten – Maßnahmen geben. Es wäre allemal ein lohnendes Ziel, die Suche nach Lösungen mit der größtmöglichen Effektivität und dem höchsten Wirkungsgrad, für die Verwaltung und alle organisatorischen und technischen Systeme – und bei der Bekämpfung von Übel und Leid.

Und das wird die Herausforderung sein, will man den auf Schulden gebauten Standard halten bzw. weiter verbessern – und das vor dem Hintergrund, dass viele immer komfortabler ihr Dasein fristen wollen und immer mehr Menschen mit knapper werdenden Ressourcen auskommen müssen.

Natürlich ist Bequemlichkeit ein ehrwürdiges Ziel. Aber es ist zum Scheitern verurteilt, wenn es maßlos darum geht. Mehr nehmen und weniger geben, kann auf Dauer nicht funktionieren. Man kann auch übertreiben, bei der Freiheit und dem Verlangen auf Kosten anderer.

Zusätzlich bedroht wird das Dilemma durch Bürokratie. Im Nest der Bequemlichkeit gedeiht diese prächtig. (*C. Northcote Parkinson in „Parkinson´s Law"*)

Es wird kaum anders gehen: Die Regierungsparteien müssen sich über die wichtigen und richtigen Ziele einigen und ideologische Grundsätze und Klientelpolitik für das Gesamtwohl hintanstellen.
Grabenkämpfe über Detailmaßnahmen, mit der Konsequenz halbherziger, einseitiger und unüberschaubarer Gesetze und Durchführungsbestimmungen werden eine ausgewogene, beste Lösung für das Ganze wohl kaum zustande bringen. Auch ein Mix aus Vertretern von Interessensgruppen mit egoistischen Wunschlisten wird das nur per Zufall schaffen.

Abgesehen davon, dass jeder Versuch beispielsweise unnötige Bürokratie, Doppelgleisigkeiten in der Verwaltung, im Krankenwesen, im Bildungswesen, ... reflexartig, alle davon betroffenen Gruppierungen sofort auf die Barrikaden steigen lässt. Bedeutet das doch Macht- und Einkommensverluste.

Mitreden ja, immer und überall, aber mit den Voraussetzungen, mehr als nur einen Tunnelblick auf das Thema zu haben und mit einer Lebenseinstellung, in der Werte wie Gerechtigkeit, Bescheidenheit, Respekt, Leistungsbereitschaft und Lernwille vorkommen.

Werte, welche in fernöstlichen Volkswirtschaften große Tradition haben und offensichtlich stärker gelebt werden als im Westen. Etwas, das die bestehenden Denkrichtungen auch in Europa bereichern könnte – auch wenn es Grund gibt, auf viel Erreichtes stolz sein zu können.

Es scheint aber ein grundsätzliches Phänomen zu sein, das viele erfasst, wenn sie vom Überfluss verwöhnt werden und die Gier die guten Sitten angreift. Dann geht das gesunde Maß baden. Man kann es beobachten, wenn man den Lauf der Zeit im Übermaß, an den Fassaden misst. Sie werden immer mächtiger, bis es nur mehr sie gibt – und nichts mehr dahinter.

Bei all den unterschiedlichen Meinungen, darüber sollte man aber nicht streiten müssen: Es wäre der Suche nach guten Lösungen dienlich, fähige, kompetente und erfahrene Fachleute für diese Aufgaben zu gewinnen, welche uneigennützig und im Team arbeiten können. Sie müssen sich im Thema auskennen, eventuelle Abhängigkeiten oder Konflikte zwischen den Zielen bedenken und den Mechanismus von Ursachen und Wirkungen verstehen. Und systematisch und konsequent nach einem Projektplan arbeiten.

Bleibt dann noch die Aufgabe für die Politik, die Zustimmung des Volkes über die Konsequenzen für die besten Lösungen zu erreichen.

Und auch darüber sollte man nicht streiten müssen: Dazu braucht es grundanständige und kompetente Persönlichkeiten, welche in der Lage sind, die Herausforderungen verständlich zu erklären und Dinge beim Namen zu nennen.

BRING: Bescheidenheit, Respekt, Initiative, Neugier und Gerechtigkeit

Blick in die Zukunft

Die Frage, ob überhaupt und wenn schon, dann wann und wie ernsthaft das Ende des Hollodarozeitalters beginnen soll, wird weiterhin für Ratlosigkeit sorgen. Eventuell werden sich besonders Mutige auch mit der Frage beschäftigen, wie die Berge an Zukunftsraub nicht nur nicht weiter wachsen, sondern abgetragen werden können.

Und die Zeit der großen Aufregungen wird kommen – denn gerechterweise müssten sich ja immer die jeweils anderen bescheiden. Unter anderem werden die FrauengewerkschafterInnen auf die Barrikaden klettern, wenn angedacht werden sollte, das Pensionsantrittsalter der Frauen bereits vor den kommenden Jahrzehnten, an das der Männer anzugleichen.

Auch die sehr entscheidende Frage wo, und wie niedergeschrieben werden muss, dass man wirklich ernsthaft der Meinung ist, dass man nicht ewig mehr ausgeben kann, als man hat, wird weiterhin die Kapazitäten der Denker, Redner und Schreiber beanspruchen.

Dieses Thema wird oberste Priorität genießen – dank der Weisheit und Entschlusskraft der europäischen Elite. Schließlich haben die obersten Lenker in Europa, gemeinsam mit den führenden Kräften aus aller Welt nach einem Rausch an Gipfelbesteigungen diese Erkenntnis geboren.

Die Bedeutung dieser Genialität kann annähernd erahnt werden, wenn man sich der Millionen Meilen in Flugzeugen und Karossen, feinster Galadiners, Tonnen von Kaffee, Champagner und anderer Flüssigkeiten und den vielen Tausenden Stunden in geistiger Angespanntheit bewusst wird, welche sich die Strategen einverleiben mussten und abgerungen haben. Oft an Wochenenden und manchmal bis früh in den Morgen.

Nicht zu vergessen, die vielen Organisatoren vor und hinter den Bühnen und die begleitenden Taschenträger.

Und das alles, damit es uns Bürgern gut geht.

Die bahnbrechende Findung der Defizitsperre wird weiter für Staunen und Unterhaltung sorgen. Tausende Seiten bedrucktes Papier und Hunderte Stunden vor den Bildschirmen und Radios werden die Bürger auch künftig mit allen Details versorgen. Die Schuldenstaaten werden im abwechselnden Rhythmus Aufmerksamkeit fordern.

Und jeder neue Versuch eines Landes, die neuen Schulden mit neuen Verbindlichkeiten auszugleichen, wird viele Menschen beschäftigen.

Es wird kaum ein Tag ohne Diskussionen um Hilfskredite vergehen: warum wer nicht bereit ist, oder wenn schon, dann zu welchem Preis.

Nullkommaeinprozent

Nullkommaeinprozent von einer Milliarde Euro sind eine Million Euro. Auch kein Klacks – dafür müssen Anneliese und Josef in der Regel ganz schön durchs Leben hetzen. Für mehr als manche könnte der Dauerlauf vierzig Jahre lang sein. Milliarden Menschen auf diesem Planeten würden viele Leben dafür brauchen.

Ein im Hochfrequenztrading durchschnittlich begabter Börsenjunkie – beispielsweise in der City of London oder in den Docklands mit den über 500 Geldhinundherschauflerinstituten – schafft das in Sekundenbruchteilen. Für satte Boni in warmen Zimmern. Laut europäischer Bankenaufsicht (EBA) erhalten mehr als 3000 „Spitzenbanker" mehr als eine Millionen Euro Gehalt im Jahr. Und mehr als 2400 dieser Nadelstreifkassierer sitzen im Vereinigten Königreich. Bestenfalls ohne irgendeinen Nutzen für irgendeinen – ausgenommen für Junkie & Co. Aber mit Kosten, welche jene tragen, welche Nutzen schaffen, nämlich Liesl und Sepp.
Seit vielen Jahren tobt nun das Geplänkel über eine Finanztransaktionssteuer. Auf unzähligen Gipfeln der Spitzenpolitiker, in den Parteizentralen, in den Medien und auf den Stammtischen. Mit der Energie und den Kosten könnten viele Probleme auf dieser Erde bearbeitet und gelöst werden.

Die Bilanz: viel Aufwand, kein Ergebnis. Ein Erfolg für die Kapitalmarktlobbyisten. Beispielsweise findet ein Egoinsulaner aus England die „Nullkommaeinprozentsteuer" für verrückt: *„Denn dann würden sich viele Deals nicht mehr lohnen."*
Dann würden die City-Junkies in den Inselkasinos unter der Offshore- oder sonstiger Oasenkonkurrenz leiden. Und viele der Börsianer müssten dann Nutzen stiftend ihre Rücken krümmen – wie Lisa und Joe.

Konjunkturbremse Transaktionssteuer

„Eine Transaktionssteuer bremst die Konjunktur." Das ist die großartige Erkenntnis wirtschaftsliberaler Konjunkturexperten. Alles auch nachzurechnen in ihren zukunftsweisenden Wirtschaftsmodellen.
Welch Segen für die erlahmenden Wachstumsraten in den so genannten Wohlstandsgesellschaften – steckt doch eine wegweisende Dimension in diesen Gedanken.
Weitergedacht sind diese nahezu unbeschränkt ausbaufähig. Da muss jede Zukunftssorge verstummen, wenn mit kreativen Wachstumsimpulsen und Ankurbelungseffekten die ersehnten Konsumwünsche erfüllt werden können.
Diesen Ideen folgend, lassen sich auch bei durchschnittlicher Kreativität genügend Konjunktur belebende Anreizsysteme finden. Beispielsweise staatlich geförderte Siedlungsprojekte in Hochwasser gefährdeten Augebieten. Oder ein Downgrading von Dachkonstruktionen, damit die sie tragenden Dächer ab auffrischender Windgeschwindigkeit den Anrainern um die Ohren fliegen.

Wer könnte da nicht aller mit handfesten Zuwachsraten rechnen, Bauindustrie und -gewerbe, Aufräumdienste, Spengler und Lackierer für die ramponierten PKWs – aber auch die Ärzte und Totengräber, wenn die Flugbahn eines festen Brockens an einem weniger festen Schädel gerät.
Und nicht zu vergessen, auch die Brandleger und Randalierer könnten ermutigt werden, damit sie ihre aufgestauten Energien für steigende Bruttoinlandsprodukte einsetzen dürfen.

Und außerdem, Finanzspekulationen bringen Spannung und Abwechslung in manchen tristen Alltag. Immerhin gelingt es den Leerverkäufern, Derivaten- und Hochfrequenzhändlern im Finanzmarktkasino zunehmend häufiger den Realwirtschaftlern und ernsthaft Bemühten ihre Armseligkeit begreiflich zu machen.

Sackgasse

Die Strömung war durchaus verlockend. Aktion, volle Fahrt voraus. Immer noch, wenn auch die Klippen ungemütlicher werden. Aber noch bewegen wir uns in relativ sicherem Wasser. Wenn man die Augen jedoch etwas öffnet – es genügt bereits ein kleiner Spalt – dann kann man es sehen: Viele vor uns beutelt es schon ungemütlich und vor manchen tut sich der Abgrund auf, einige sind bereits im freien Fall.

Das Resultat des weitgehend unregulierten, globalisierten Wirtschaftssystems: Nicht weniger Arbeitslosigkeit, Armut, Hunger, Tod wegen Armut. Im Gegenteil. Die Kluft zwischen Arm und Reich wird nicht kleiner. Es wird nicht besser, es wird grausamer. Das System bedient sich der Ungleichheiten und verstärkt sie.

Übermaßunmäßigkeit, Verschwendung auf der einen Seite und Mangel und Siechtum auf der anderen. 18 Prozent der jugendlichen US-Amerikaner sind stark adipös. Tausende Kinder in Afrika erblinden, weil wenige Euros fehlen, um ihr Augenlicht zu retten.

Zügellose Freiheit, exzessiver Handel, Diktat der Weltmarktpreise – in einer Welt, die unterschiedlicher nicht sein kann: Eine Vielfalt von heterogenen Gesellschaftsformen, Regierungsformen, Ressourcen, Klimazonen, Lebensbedingungen, Wertvorstellungen, Wissen und Erfahrungen, Möglichkeiten und Bedürfnissen.

In Österreich würde es keine Bauern mehr geben, würde die Gesellschaft nicht in der Lage sein, die Landwirtschaft mit mehr als 2/3 zu subventionieren. In vielen Ländern, z. B. Afrikas, ist das nicht möglich. Die kleinbäuerlichen Strukturen sind nicht konkurrenzfähig. Viele unter ihnen leiden unter bitterer Armut. Viele sterben.

Das kann nicht der richtige Weg sein. Egal ob man es sehen will, darf oder kann. Eine Welt, welche ihr Heil im immerwährenden Wachstum sucht und die immer näher rückende Grenze für dieses leugnet.

Millionen von Containern – beispielsweise bis zu 18.000 auf einer schwimmenden Umweltbombe, welche lärmend und stinkend um den Erdball gejagt werden, Ressourcen vernichtend und häufig subventioniert. Beispielsweise die Exporte tierischer Produkte aus industrialisierter Massentierfolterung.

Leergefischte und mit Plastikmüll verdreckte Meere. Ressourcen, welche sich in Milliarden von Jahren gebildet haben, wurden in einer Menschengeneration nahezu aufgebraucht.

Globalisierung ja, ja, ja. Für Ideen, Gedanken, Wissen, Freundschaften, gemeinsame Werte – zum Beispiel Solidarität. Und natürlich auch für jene Rohstoffe und Dinge, die es eben nur exklusiv in bestimmten Regionen der Erde gibt. Zu einem fairen Preis, der auch die ökologischen und sozialen Aspekte voll berücksichtigt. Und: Wachstum ja, ja, ja. Für die Armen. Für mehr Balance auf dieser Welt.

Die Grenze der Globalisierung ist die Grenze zur Unvernunft. Es kann nicht vernünftig sein, Lebensmittel, welche um die Ecke wachsen könnten, Tausende Meilen hin- und herzuschicken. Auch wenn dieser Wahnsinn Arbeitsplätze in der Transportbranche generiert.

Es ist der falsche Weg das Land armer Länder zu kaufen, um chemie- und ölabhängige Monokulturen anzupflanzen, um damit am Weltmarkt Profite zu erzielen. Profite, die nur zum geringen Teil den Menschen in den armen Ländern zugutekommen. Aber den Menschen ihr Land nehmen und somit die Grundlage für den Aufbau von Eigeninitiative.

Wir brauchen weniger Multis, mit ihrem Streben nach Profitmaximierung ohne die ökologischen und sozialen Folgen ausreichend zu berücksichtigen – aber viel mehr Unternehmer, welche Verantwortung für die Menschen in ihrem Unternehmen und in der Region übernehmen. Der bessere Weg ist mitzuhelfen bei der Wohlstandsentwicklung in den armen Ländern.
Mit Rat, Tat und Geld (beispielsweise regionale Hilfe mit Mikrokrediten). Aber ohne fette Renditen und ohne Deals mit so manchem korrupten Häuptling.

Es gilt Verantwortung zu übernehmen, statt satter Profite für die Geschäftemacher aus der Überflusswelt und der Zocker-Junkies in den aufgeblähten Tradingkasinos. Immer mehr spielen dort ihre Spiele mit Wetten auf die Preisentwicklung der Lebensmittelpreise. In der Zwischenzeit beträgt die reine Spekulation mit Rohstoffen ein Vielfaches des realen Handels.

Der Klimawandel, eine steigende Weltbevölkerung und die Herstellung von Biosprit lassen die Spekulanten auf steigende Lebensmittelpreise setzen. Die Erwartungen beflügeln in der Regel die Kurse an den Börsen – Blasenbildungen nicht ausgeschlossen. Die Kursbildung an den Rohstoffbörsen beeinflusst den tatsächlichen Handelspreis von Mais, Getreide und all den anderen Rohstoffen, wie beispielsweise Öl. Damit trägt dieses Spiel dazu bei, die Hungerkrise zu verstärken.

Wir tragen die Verantwortung für die Verschwendung in unserer Wegwerfgesellschaft. Und für das Gewährenlassen, dass Millionen Menschen an Mangel sterben.

Es braucht eine regionale Landwirtschaft und Lebensmittelversorgung: die kleinbäuerlichen Strukturen, für die die Bodenfruchtbarkeit die Quelle ihres Wohlstandes ist und die achtsam damit umgehen.

Mit traditionellem und modernem Wissen könnte laut UN-Sonderbeauftragtem für das Recht auf Nahrung der Ernteertrag von 500 Millionen Kleinbauern dieser Welt nachhaltig verdoppelt werden. Mit dem geringstmöglichen Einsatz von Chemie und Pestiziden.

Auch die regionale Wirtschaft, die Klein- und Mittelbetriebe, müssen gestärkt werden. Weniger Massenware, langlebige Produkte mit mehr Qualität und Individualität. Viel mehr sinnvolle Beschäftigung mit eigener Verantwortung und direktem Kontakt mit den Verbrauchern, den Kunden. All das in den armen Ländern – aber auch überall sonst auf der Welt.

Wir brauchen andere Ziele und Strukturen: Sinn gebende Arbeit für alle – ausgerichtet nach den Fähigkeiten und dem Wissen der Menschen. Wir müssen in unseren Kindergärten und Schulen die Fähigkeiten das Wissen dazu fördern.

Wir leben auf einem Planeten. Vieles ist mit vielem vernetzt – alles hängt voneinander ab. Und wir haben vorläufig nur das, was es auf dieser Erde gibt: die Natur, das Wasser, die Sonne, die Erde, den Wind – und die Rohstoffe. Alles ist nur begrenzt verfügbar. Die Sonne könnte dabei Hoffnung machen.

Die Prioritäten müssen wechseln: zuerst die Lebenszufriedenheit, dann Geld und Rendite. Wohl wissend, dass Lebenszufriedenheit auch Geld braucht. Es ist eine Frage des richtigen Maßes.
Auch wenn der Weg der Korrektur nicht immer leicht sein wird: Es ist auf Sicht viel klüger (scheinbar) ineffizient das Richtige zu beginnen, als effizient das Falsche weiter zu machen.

Das Ziel soll bleiben: effizient das Richtige zu tun.

Rettungsschnitt - geordnet und freiwillig

Ein Meisterwerk folgt dem nächsten. Nachdem eine Unzahl von Almonetaristen aller Führungshierarchien bereits das Festschreiben der Zauberformel
„Neuverschuldung geht leichter, wenn die Zinsen für die alten bezahlt werden können"
erfunden hatten, nun dies: Die Geburt des Systems eines geordnet freiwilligen Schuldenschnitts mit Rettungsschirm.

Einfach genial. Besonders, wenn man bedenkt, dass diese erkenntnistheoretischen Juwelen in so wenigen Jahren geboren wurden.

Man stelle sich vor, der Rettungsschnitt wäre ungeordnet und unfreiwillig erfolgt. Ein grausames Bild, wäre das zähe und aufopfernde Ringen unserer begnadet geistreichen Führer erfolglos geblieben. Umsonst all die durchwachten Nächte bei den zahlreichen Gipfeln, Sonder- und Krisensitzungen: Staatsbankrott.
Ungeordnet und unfreiwillig hätten all die gläubigen Privaten mehr als die Hälfte ihrer Einsätze und Renditehoffnungen als Solidarbeitrag abtreten müssen. So wie die Vereinigung der privaten Steuerzahler (öffentliche Geldgeber) die Unterstützungsbeiträge für die Rettung der – bei der Anwendung der Grundrechnungsarten – in Not geratenen Haushaltsvorstände befreundeter Gesellschaften.
Und außerdem: die Beispielwirkung. Man dürfte nicht mehr selbst schuld sein, an den Wählerstimmen sichernden, ausgabenlastigen Haushaltssaldos. Eine dunkle Zukunft mit herausfordernder Belästigung – ohne Spendierlust solidarisch gläubiger Steuerzahler in der Ferne.

Doch dank der Fantasie unserer begabten, brillanten Denker gibt es nun den freiwillig geordneten Schuldenschnitt mit Rettungsschirm.

Und wenn es so weiter geht, dann steht der ersehnte ultimative Durchbruch in der innovativen Geldpolitik kurz bevor. Beispielsweise die „Leerkäufe von Schulden".

Dadurch wird der Schuldner entlastet und der Käufer nicht belastet – wodurch sich die Schulden in Wohlgefallen auflösen. Oder das Forschungsprojekt „Transaktionsbeschleuniger". Beispielsweise können damit Milliarden Dollar in Überlichtgeschwindigkeit von New York nach Hongkong gejagt werden.
Und umgekehrt. Transaktionen werden dann früher beim Empfänger wirksam als sie beim Absender abgehen. Dadurch werden viele Transaktionen mit derselben Geldmenge möglich. Es bildet sich eine Transaktionswolke über dem Erdball. Der Vorteil liegt in der Multiplikation von verfügbaren Geldmengen.

Das Schlaraffenland ist dann nicht nur mehr eine Parodie auf das Paradies. Es wird Realität. Der globale Hochfrequenz-Geldmultiplikator wird es möglich machen: Genuss statt Arbeit.

Nuancen einer Perspektive

Mr. Entwicklungshilfe Jeffrey Sachs – er war einer der Anwärter auf den Chefposten der Weltbank – hatte angekündigt, er würde die Weltbank nicht mehr als Finanzinstitut, sondern als Denkfabrik gegen Armut, Hunger, Krankheit und Umweltzerstörung führen.
Das hat richtig gut geklungen. Da hätte man es sich ernsthaft überlegen können, einen Antrag auf Wiedergeburt zu stellen. Und erst bei der Vorstellung, es bliebe nicht nur beim Denken – es würden auch noch die richtigen Taten folgen.

Was ist das für ein nachahmenswerter Gedanke, den Fokus nicht auf die Scheinwelt der wunderbaren Geldvermehrung zu legen, sondern mehr auf die wirklich wichtigen Dinge des Lebens. Auf Lebenszufriedenheit, Fairness und Gerechtigkeit, Anstand und Ehrlichkeit.

Weniger Täuschen und von der Wahrheit nicht das Stück weglassen, das schaden könnte. Die Verirrungen zwischen Recht und Gerechtigkeit ausräumen. Für mehr Gerechtigkeit auf diesem Planeten und für ein stimmiges Verhältnis von Leistung und Vergütung. Weniger Attraktivität für das Geschäftsmodell der Nadelstreifakrobaten – den besonders Cleveren in der heutigen Spaßgesellschaft.

Dabei soll aber nichts gegen den Spaß gesagt sein. Spaß haben und das Leben genießen (vernünftigerweise in Maßen maßvoll) – neben Wissen und Erkenntnis über die Welt, gibt dies dem Leben Sinn. Für ein Leben in einer Welt, welche so unvorstellbar schön sein kann.

Über zwei Bedingungen sollte man dabei aber nicht streiten müssen: Nicht auf Kosten anderer und ein Stück vom Kuchen teilen, damit nicht Menschen wegen Armut sterben müssen.

Wirtschaftswachstum

Wie viel materiellen Wohlstand braucht ein gelingendes Leben?
So viel, dass es nur für wenige reicht (angesichts der begrenzten Ressourcen auf der Erde)?

Weitestgehend unbestritten ist, dass in den reichen Staaten die Grenzen längst überschritten sind. Würden alle so leben wollen, würde eine Erde nicht ausreichen. Es würde an den Flächen für die Ernährung fehlen, an Wasser und Energierohstoffen – abgesehen vom Lärm und vom Dreck in Böden, Luft und Wasser.

Und doch tönt es aus den Politikerkehlen aller Richtungen: *"Wir müssen das Wachstum ankurbeln, um mehr Beschäftigung zu erreichen. Es ist das einzig zukunftsträchtige Konzept."*

Was darf/muss man sich nun unter "Wachstum ankurbeln" vorstellen?

Mehr Lebensmittel wegwerfen, mehr Verschwendung, mehr Überfluss?

Mehr Importe (Exporte) >>> Mehr Waren/Produkte, welche „um die Ecke" wachsen oder erzeugt werden bzw. werden könnten, weltweit hin- und herschicken (z. B. mehr Autobahnen und Tunnel, damit die Tomaten aus Spanien frischer ankommen)?

Mehr industriellen Fischfang?

Mehr sinn- und/oder nutzlose Produkte (einige Tausend Dinge mehr pro Haushalt), welche die Menschen in Bewegung halten (und Zeit stehlen), weil sie Platz brauchen, regelmäßig betreut, gewartet, Zugangsdaten (Benutzerdaten, Passwörter, Codes, …) einfordern, repariert, gereinigt, mit neuen Batterien bestückt, aufgehoben, gesucht werden müssen?

Mehr **Werbegebrüll** & Selbstbeweihräucherungsrituale in der Werbung (und größere Briefkästen für mehr Werbepost)?

Mehr und öfter **Preisnachlässe von den Preisreduktionen** von reduzierten Preisen mit Bonus Card oder Rubbellosen für Gratisbezug.

Ein x-beliebiger Tag …
Werbepost im Briefkasten …
24 Firmen
400 Prospektseiten
2100 Produkte
5 Sekunden pro Produkt =
3 Stunden!

Mehr **Supermärkte im Grünland**, mehr Produktvarianten mit **Dauerverfügbarkeit** in den Supermärkten, mehr Sonderangebote von den Sonderangeboten, größere Einkaufswägen?

Kürzere Lebensdauer der Produkte damit diese öfter wiederbeschafft werden müssen?

Mehr **sinn- und/oder nutzlose (geförderte) Investitionen** – ohne nachhaltigen Verwendungszweck und mehr Förderungen für A – und damit im reinen Verdrängungswettbewerb mehr Benachteiligung von B, C, ...?

Mehr **sinn- und/oder nutzlose Innovationen** – beispielsweise motorengetriebene Rückgratschoner (Laubsauger, Schneeflockenbläser, Traktorrasenmäher für Klein- bzw. Vorgärten u. a. m.) und – als Ausgleich – mehr Rückgrattrainingsgeräte in den Fitnessstudios?

Mehr **industrielle Massenfertigung**, mehr Arbeitsteilung, mehr Spezialisierung für mehr Schnittstellenchaos und mehr Abhängigkeiten und mehr **Multitasking** für mehr Oberflächlichkeit und Nichtlösungskompetenz?

Mehr Hin und Her – **Transport** für mehr globale Wirtschaftsbeziehungen?

Mehr digitales **Software**-Tohuwabohu für mehr Stumpfsinn und Fremdsteuerung?

Mehr **Automaten**, z. B. Fahr- und Fortbewegungsautomaten damit die Hände frei werden für das Fingerwischen auf den xyz-phones, Tablets, ... für ungestörtes Internet-Surfen während der Vorwärtsbewegung oder für eine ungestörte Zigarettenrauchinhalation?

Mehr **Spielautomaten, Casinos und Wettbüros**?

Mehr Fernsehsender, längere Sendezeiten mit **Dauerberieselung mit Hintergrundgelächter**?

Mehr Reporter und Experten für **häufigere Mikrofonwechsel** bei Sportübertragungen und Nachrichten?

Mehr **Feste und Feiern** (beispielsweise mehr Weihnachtsmärkte im September und Oktober) mit mehr blinkenden Lichtern, aufsteigenden Nebelschaden und Bum-Bum-Gepoltere?

Mehr **verstopfte Straßen und Wege**, längere Staus, mehr parkende Autos auf Straßen und Gehsteigen?

Mehr **Verbauungen** und **Zubetonierungen**?

Mehr **Energieverbrauch**?

Höhere Frequenz bei den **Finanzspekulationen** – mehr als das Vielfache der Weltwirtschaftsleistung im globalem Millisekundenhandel?

Mehr "Leerverkäufe" und größere Banken?

Mehr **Schulden**, größere **Immobilienblasen**?

Mehr **Bürokratie, Reglementierungen** und **Zettelwirtschaft**?

Mehr Experten für **mehr Sachverhaltsverundeutlichung** in Gesetzen und Vorschriften (mehr wertlose Papiere / Datenkonstrukte kreieren, speichern und verteilen)?

Mehr von den Begleiterscheinungen vom „stetigem immer Mehr" – ... Größere **Müllhalden**, mehr **Plastik im Meer**, mehr **Lärm**, mehr **Gestank** – mehr die Erde ausrauben, verdrecken und verbrüllen?

Mehr **Chemie im Boden**, mehr **Verschmutzung**, mehr **Treibhausgase**, mehr **Umweltkatastrophen** (Hochwasser-, Sturm-, ...)?

Mehr **Fettleibigkeit, Übergewicht** der Kinder und Erwachsenen, mehr **psychosoziale Störungen?**

Mehr Jugendliche, welche immer häufiger und andauernder in der **Scheinwelt Internet** leben?

Mehr **Massentierhaltung** und **Tierquälerei**?

Mehr **Vernichtung von landwirtschaftlich nutzbaren Flächen**?

Mehr **Übermaß, Pseudomoral, Verdrängung / Gleichgültigkeit** (größere Kluft zwischen Arm und Reich)?

Mehr **Menschen auf der Flucht** vor kriegerischen Konflikten, Umweltproblemen, Hunger oder Verfolgung?

Wenn mehr Wachstum das einzig zukunftsträchtige Konzept ist, dann wird es bald finster um die Zukunft werden.

Es ist Zeit ernsthaft darüber nachzudenken – sich Gedanken über zukunftsichernde Maßnahmen zu machen. Viel wichtiger als das immer mehr an Menge, ist das mehr an Qualität, an Lebensqualität. Und um besser zu werden, gibt es viele Möglichkeiten.

Wer in den Wegwerf- und Überflussgesellschaften die Lösung für die Probleme (z. B. die Verteilung von Einkommen, Vermögen und sinnvoller Arbeit) in immer mehr Geldumlauf (Wirtschaftswachstum) sieht, verfolgt entweder egoistische Eigeninteressen und handelt verantwortungslos oder hat einen gravierenden Mangel an geistigen Möglichkeiten.

Selbstzweck Geld

Geld – ein Tauschmittel, nicht mehr, aber auch nicht weniger – ist zum Selbstzweck und Spekulationsobjekt verkommen – mit um ein Vielfaches höheren Renditen beim Hin- und Herschaufeln von Geld, als in der realen Wirtschaft zu erzielen waren.

Aber, der Geldzauber bleibt letztlich nur ein Nullsummenspiel.

Einem Gewinner steht ein Verlieren gegenüber. Oft ist der Verlierer die Zukunft, wenn das Wettbüro zusammenbricht und die Blase platzt. Die Kapazitäten, welche der spekulative Finanzmarkt bindet, sind reine Verschwendung.

Alles was das Leben lebenswert macht, muss durch Arbeit geschaffen werden, durch körperliche oder geistige Anstrengung. Je effektiver, sozialer und umweltschonender die Arbeit geschieht, je weniger Unnützes Menschen von einer produktiven Arbeit ausschließt, desto sinnvoller, nachhaltiger und wettbewerbsfähiger wird das Ergebnis sein.

Bürokratie, Doppelgleisigkeiten im öffentlichen Bereich, ein über Maßen aufgeblähter Bankensektor – und das meistens sehr privilegiert – muss erhalten werden – von denen, welche das schaffen, was zum Leben gebraucht wird.

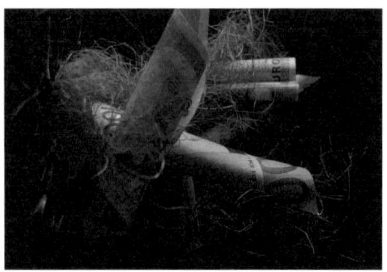

Leben auf Pump

Es kann auf die Dauer nicht funktionieren, wenn man sich mehr leistet, als man leistet. Irgendwann wird der Berg an Verpflichtungen jeden vernünftigen Kreditgeber das Vertrauen rauben, daran zu glauben, das geliehene Geld jemals wieder zu sehen. Spätestens dann muss die Phase kommen, zumindest nur mehr das auszugeben, das man besitzt. Und dabei ist noch keine Rede davon, die angehäuften Schuldenberge abzutragen.

Einige Staaten sind in dieser Lage – man hatte sich Wohlstand von der Zukunft geliehen. Nun sprechen viele vom Sparen oder gar vom „Kaputtsparen". Früher war Sparen das Zurücklegen momentan freier Mittel zur späteren Verwendung, heutzutage bedeutet es offensichtlich weniger mehr ausgeben, als man erarbeitet hat. Und „Kaputtsparen" ist neuerdings die Reduktion der Geschwindigkeit beim Schuldenaufbau.

Politiker aller Farben gaukeln sich und anderen vor, es könnte so weiter gehen: *„Wenn keiner mehr bereit ist, Geld zu geben, dann drucken wir eben Neues."*
Dabei wird gerne eine Antwort verdrängt. Nämlich die, auf die Frage "Wann werden die stetig steigenden Schuldenberge zurückgezahlt?"

Ein System mit Explosionsgefahr. Man kann es drehen, wie man will, nach Perioden des Lebens auf Pump, muss man mit weniger Überfluss und mit mehr Bescheidenheit beim Wegwerfen auskommen.

economy of scale

Wenn viele Fachleute mit spezifischem Know-how forschen und entwickeln müssen, um ein Produkt erzeugen zu können; und auch, wenn bestimmte, aufwendige Technologien zur Herstellung erforderlich sind, dann wird das in der Regel nur mit einer industriellen Massenfertigung möglich sein. Hier stiften arbeitsteilige Prozesse und der Effekt von „Wirtschaftlichkeit von Massenproduktion" den Menschen Nutzen.
Aber nur so lange, als ökologische und soziale Aspekte entsprechend (und auf lange Sicht) berücksichtigt werden. Jedenfalls muss bedacht werden: Zentrale Standorte fordern einen hohen Aufwand an Infrastruktur und Logistik (für die Materialbeschaffung, innerbetrieblich und für die Verteilung der Endprodukte) und erzeugen Verkehr mit all seinen negativen Auswirkungen.

Warum müssen dann Lebensmittel, Bekleidung und andere handwerklich herstellbare Waren in Massen an zentralen Standorten erzeugt werden? Und wie sieht es mit den vielen Dingen des täglichen Lebens aus, welche ebenfalls mit handwerklichem Geschick und dem Know-how von kleinen Betrieben hergestellt werden können?

Lebensmittel-Nahversorger in den Orten, zu Fuß erreichbar – anstatt der in der Regel nur mit PKW zu erreichenden Supermärkte auf der grünen Wiese. Schuster in der Nähe, welche die Schuhe individuell fertigen und auch reparieren und instand halten. Teurer aber haltbarer.

Klein strukturierte Wirtschaftseinheiten fördern das Leben und die Kommunikation im Ort, erzeugen weniger Verkehr, fördern die Eigenverantwortung und heben das Selbstwertgefühl der Betreiber. Ohne Zwischenhandel, „face to face" – direkt vom Erzeuger zum Verbraucher. Da bleibt mehr für den Hersteller und mehr für den Kunden. In so einem Umfeld wird die Initiative – selbst anzupacken – gefördert. Die Hemmschwellen sind geringer und es gibt mehr Chancen mitzumachen.

Sinn einer Währungsunion

Im wirtschaftlichen Zusammenspiel von Volkswirtschaften ist wichtig, dass es eine Balance in den Handelsbeziehungen gibt – oder anders ausgedrückt, dass die wirtschaftliche Leistungsfähigkeit und die Strukturen zusammenpassen.

Mittel- bis längerfristig sollte der Saldo aus Importen und Exporten ausgeglichen sein. Andererseits führt die wachsende Verschuldung für die exportschwachen Länder in eine Spirale von Abhängigkeiten, da durch die immer höher steigende Zinslast an die ausländischen Geldgeber immer weniger Möglichkeiten für den eigenen Wirtschaftskreislauf übrig bleiben – bis zum bitteren Ende.

Um ein Ungleichgewicht in der Leistungsbilanz auszugleichen, ist die Währungsparität ein sehr wichtiges und effektives Steuerungsinstrument. Beispielsweise bringt eine Abwertung der Währung eine höhere Wettbewerbsfähigkeit für die Exporte und eine Verteuerung der Importe. Die Exporte werden steigen und die Importe fallen und das ist ein Schritt in die richtige Richtung für eine ausgeglichene Leistungsbilanz.

Andererseits gibt es die Aussagen – von Politikern aller Lager – über die Folgen eines Austritts aus der Euro-Währungsunion: *„Der Export würde zusammenbrechen, Arbeitslosigkeit und Armut würden steigen und der materielle Wohlstand dramatisch sinken."*

Wie passt das zusammen? Wieso hängt die Leistungsfähigkeit, die Qualität der Produkte und Dienstleistungen einer Volkswirtschaft, von der Währungseinheit ab, welche auf den Geldscheinen aufgedruckt ist?

Ist es nicht viel entscheidender, wie wettbewerbsfähig die Leistungen sind und wie viel Kunden dafür bezahlen müssen?

Man könnte sich auch die Frage stellen, warum beispielsweise Länder wie Dänemark, Schweden, Vereinigtes Königreich oder Schweiz und Norwegen mit ihren eigenen Währungen nicht in Armut versinken?

Auch wenn Politiker und ihre Experten wortreich über die Erfolge einer Währungsunion berichten und mit Statistiken ihre Argumente untermauern: So manches Argument versteckt sich hinter einer Scheinkorrelation, wie beispielsweise „Viele Störche – viele Kinder" oder „Miniröcke und die Börsenkurse steigen".

Eine gemeinsame Währung kann nur in einem Verband mit einheitlich starken Wirtschaften funktionieren.
Dass es bei der Aufnahme einiger Länder in die EU-Währungsunion Konstruktionsfehler und Beitrittslügen gab, war und ist eine weitestgehend unbestrittene Erkenntnis. Nun ist diese Erkenntnis in unerfreulichem Ausmaß in der Realität angekommen. Es ist ein hoher Preis für die kleinen Bequemlichkeiten einer gemeinsamen Währung.

Auch eine zentral gesteuerte, gemeinsame Geld- und Finanzpolitik kann die Unterschiede in der Leistungsfähigkeit bestenfalls etwas reduzieren, aber nicht aufheben. Denn die Grundvoraussetzung für Wettbewerbsfähigkeit ist die Leistung – effizient das Richtige tun. Geld kann dabei wichtig sein, wenn es darum geht, durch Investitionen die Effizienz bei der Realisierung der richtigen Produkte oder Dienstleistungen zu steigern – als Mittel zum Zweck. Oder eben, wenn es an der Effektivität mangelt, eine entsprechende Währungsparität.

Engagement, Verantwortung und Zentralismus

Subsidiarität ist eine politische, wirtschaftliche und gesellschaftliche Maxime, welche die Entfaltung der individuellen Fähigkeiten, Selbstbestimmung und Eigenverantwortung anstrebt. Danach sollten Aufgaben, Handlungen und Problemlösungen so weit wie möglich selbstbestimmt und eigenverantwortlich unternommen werden, also wenn möglich vom Einzelnen, vom Privaten, von der kleinsten Gruppe oder der untersten Ebene einer Organisationsform. *(Wikipedia)*

Als Eigenverantwortung (auch Selbstverantwortung) bezeichnet man die Bereitschaft und die Pflicht, für das eigene Handeln, Reden und Unterlassen Verantwortung zu tragen. Das bedeutet, dass man für sich selbst sorgt und dass man für die eigenen Taten einsteht und die Konsequenzen dafür trägt. *(Wikipedia):*

Nun drängt sich die Frage auf: Warum muss dann beispielsweise die EU-Zentrale den Ländern sagen, was bis wann zu erledigen ist, damit sie sich nicht mehr leisten, als sie leisten?

Leopold Kohr, Ökonom und Philosoph: „Je größer ein Staat oder eine Organisation, desto größer wird die Macht der Masse und ihrer Gesetze, und desto stärker sind Kreativität und Freiheit des Einzelnen eingeschränkt. Alles, was zu groß wird, vernichtet die Natur."

Es geht um das richtige Maß, um Vernunft und um Überschaubarkeit.

In einer Staatenunion – wie der Europäischen Union – gibt es viele Themen, wo eine gemeinsame und verbindliche Vorgehensweise wichtig ist und allen großen Nutzen bringen kann.

Motto: Miteinander reden und voneinander lernen.

Wesentliche Bereiche sind: Friedenssicherung und freie Grenzen, gegenseitige Unterstützung und Hilfestellungen bei Naturkatastrophen bzw. unverschuldeten Problemen, gemeinsam abgestimmte Strategien beim Klimaschutz, beim Verkehr, bei der Energieversorgung oder in der Forschung. Und bei der Harmonisierung und Standardisierung (z. B. im Bereich der Produktsicherheit).

Die Unabhängigkeit und Souveränität der Staaten sollte aber nicht in einem Zentralismus untergehen. Zu wertvoll ist der Reichtum an Kreativität und Individualismus einer Gemeinschaft von Völkern mit kultureller Vielfalt, mit tausendenjährigen Geschichten, verschiedenen Lebensbedingungen und Lebensgewohnheiten und Sprachen.

Bla-bla-bla

Man kann immer wieder staunen, was alles von so genannten Finanzwirtschaftsexperten abgesondert wird. Gefühlt enden bei vielen die Wahrnehmungen an den Grenzen ihres Biotops oder bei den Interessensgrenzen ihrer Fütterer.

Nicht selten behauptet einer das Gegenteil vom anderen und öfter als manchmal ist es Schlagwort-Bla-Bla mit Wirtshaustischqualität nach der vierten Runde. Ohne die Folgen und deren Folgen zu bedenken – oder die Alternativen.

Oft unerwähnt bleibt die Frage: „Was ist denn eigentlich das Ziel?
Was soll vorrangig erreicht werden – und welche Wirkungen haben die vorgeschlagenen Maßnahmen, in einem komplexen System gegenseitiger Abhängigkeiten und Wechselwirkungen?"
Und – sind diese Maßnahmen die wichtigen und richtigen auf dem Weg zum Ziel?

Dringend nötig wären professionelle Analysen – beispielsweise bei der Lösung der Euro-Schuldenkrise:

Was sind die Folgen und deren Folgen, wenn die EZB immer mehr Geld druckt, um Staatsanleihen von Staaten zu kaufen, die sonst hohe Risikoprämien am freien Geldmarkt zu bezahlen hätten?

Was geschieht, wenn ein Staat zur einer eigenen Währung zurückkehrt oder ein „ergänzendes Regionalgeld" einführt?

Welchen Einfluss hat das auf die Leistungsbilanz, auf die Wettbewerbsfähigkeit der Produkte und Dienstleistungen?

Welchen Einfluss hat eine ausgeglichene Leistungsbilanz (oder gar ein Exportüberschuss) auf den Schuldenabbau von Staaten und auf das Vertrauen von Kreditgebern?

Ist dies auch in einem gemeinsamen Währungsraum möglich?
Wenn ja, unter welchen Voraussetzungen?

Bei welchem System sind die Chancen höher, dass ein Staat seine Schulden zurückzahlen kann?

Und – wenn ein Staat seine Schulden nicht bezahlen kann, wer (Versicherungen, Banken im Inland, Banken in anderen Staaten, private Gläubiger, die EZB, die Steuerzahler in anderen Ländern) bezahlt sie dann letztlich?

Professionelle Analysen und Maßnahmen statt ...

Wachstumsmotor „Freihandelsabkommen EU-USA"

„Wir wollen auch mehr Lebensmittel in die USA exportieren – Äpfel und Birnen zum Beispiel, und Rindfleisch", antwortete EU-Handelskommissar Karel De Gucht auf die Feststellung (im Rahmen der TTIP-Gespräche) „Die Amerikaner wollen mehr Lebensmittel nach Europa verkaufen" in einem Interview.

Na dann Mahlzeit!

Natürlich lässt sich ein Freihandelsabkommen nicht nur darauf reduzieren und natürlich ist es vernünftig bürokratische Hemmnisse, zu hinterfragen und auch zu beseitigen. Es wird vernünftiger sein, nichts zu tun, als unsinnige Arbeit zu verrichten – aber:
Was soll mit mehr (zum großen Teil staatlich geförderten) Lebensmittelexporten erreicht werden, wenn Lebensmittel Tausende Kilometer hin- und hergeschickt werden, welche um die Ecke wachsen?
Mehr Rohstoffe vernichten, mehr Lärm, mehr Dreck? Noch mehr davon in den Müll schmeißen?

Und – was hat mehr Handel mit nachhaltigem Wirtschaftswachstum zu tun – abgesehen davon, dass die Grenzen für die USA und für einige Volkswirtschaften in der EU schon längst überschritten sind?
Damit sollen die Probleme Arbeitslosigkeit oder Armut gelöst werden?

Es kann nicht darum gehen, dass immer mehr Waren im globalen Kreislauf zirkulieren. Das Ziel müssen Regeln für einen vernünftigen Handel sein. Regeln, welche die Lebensqualität der heute lebenden Menschen und die der kommenden Generationen sichert und verbessert.

EU-Rabatt

Wie einfach und wirksam könnte es sein, die Beiträge der EU-Mitgliedsländer zu berechnen: Jedes Land zahlt 1% vom BIP. Das ist alles. Dazu bräuchte man weder Taschenrechner noch Computer und es geht auch ohne 16 Semester-Studium.

Dann könnte man sich die Wadlbeißerei und das endlose Gesudere von der Erfolgsquote beim Verhandlungspoker über den Rabatt vom Rabatt ersparen. Und all das ohne Millionen Reisekilometer der vielen Wichtig-tuerInnen mit ihren Kofferträgern. Keine Hunderttausende Seiten Papier und kein Mediengequatsche rund um die Uhr.

Und was alles könnte mit dieser Energie an Sinnvollem geschaffen werden?
Beispielsweise könnte die Energie genutzt werden, um beim Ausgeben und beim Verwalten des EU-Budgets Anreize zu schaffen: um längerfristig mehr Lebensqualität für alle Europäer zu erreichen.
Damit schwächere Wirtschaftsregionen innerhalb der Gemeinschaft unterstützt werden, zahlen jene denen es besser geht mehr ein und erhalten auch weniger – zum längerfristigen Wohle beider.

Solidarisch, wie es in einer Gemeinschaft sein sollte.

Einfach und wirksam.

Sparen

Sparen nennt man heutzutage, wenn Staaten (Volkswirtschaften) sich um etwas weniger mehr leisten, als sie leisten. Die Schulden steigen nach wie vor, wenn auch etwas langsamer.

Aber – dieses „Sparen" sei nicht sinnvoll, sagen nun die (K)Experten. Die neue Erkenntnis: *„Weniger Schuldenmachen belastet den Wirtschaftskreislauf!"*

No, na denkt da der Laie, na was denn sonst? Ist doch logisch, wenn ich mir weniger auf Kosten anderer leisten darf (kann), habe ich weniger.

Noch gar nicht so lange her, da gab es eine grundsätzliche Erkenntnis für die Beherrscher der Grundrechnungsarten der ersten und zweiten Stufe:
Wer über seine Verhältnisse gelebt hat, muss ab einem Zeitpunkt mehr von dem – wegen der Leihgebühr für den geliehenen Wohlstand – unter seinen Verhältnissen leben. Dann muss für gleiches Geld mehr und/oder besser (effektiver) gearbeitet werden.

Und um viel mehr und viel besser, wenn auch die Schulden zurückgezahlt werden müssen. Außer es findet sich jemand, der für ihn/sie den Rücken krümmt und/oder das Hirn bemüht.

Mehr ist es nicht – auch wenn auf Tonnen Papier und im Stundentakt in TV und Radio darüber hin- und her- philosophiert und schwadroniert wird.

Effizienz in der Bürokratie

Am Beispiel **Grundstückskauf – Teil 1, die Realität**

Das Anliegen eines Grundstückverkaufs ist durch ein gemeinschaftliches Bemühen vieler, mancher um Selbsterhaltung bemühter Organisationen geregelt. Die in diesem Prozess eingebundenen Teilnehmer an dem Arbeitsplätze generierenden Verfahren sind: der Notar, der Geometer, das Bauamt – Vermessung und Geoinformation, das Vermessungsamt, die Magistratsabteilung(en), die Rechtsabteilung, das Bezirksgericht, das Grundbuchamt, die Baubehörde und das Finanzamt.

Alle arbeiten emsig zueinander und produzieren Verträge, Vereinbarungen, Urkunden, Aufforderungen, Buchungsmitteilungen, Grundbuchauszüge, Beschlüsse, Bescheide, Gleichschriften, Auszüge, Bewilligungen, Widmungserklärungen, Protokolle und Erklärungen. Im Einzelnen: das Ermittlungsprotokoll für die Immobilienertragsteuer, den Kaufvertrag, die Finanzamtmeldung der Immobilienertragsteuer, die Treuhandvereinbarung, das Rangordnungsgesuch, den Rangordnungsbeschluss, die Einladung zur Grenzverhandlung, das Grenzverhandlungsprotokoll, die Anzeige zur Grundabteilung, die Vermessungsurkunden (Teilungspläne), die Vermessungsurkunde (Teilungsplan) mit Bescheidreferenzstempel, den Nichtuntersagungsbescheid, den Aufschließungsabgabenbescheid, …. (– ohne Anspruch auf Vollständigkeit).

Öfter als manchmal sind 80 Prozent in diesen Papieren Standardformulierungen (immer gleich, egal worum es sich handelt) und der Rest soll das erklären, worum es eigentlich geht. Ein unbelohntes Unterfangen, da die Empfänger dieser Botschaften öfter als manchmal nur „Bahnhof" verstehen – denn alle Papierproduzenten beherrschen Juristisch oder Amtisch und somit die Wortakrobatik der Sachverhaltsverundeutlichung.

Darum muss/soll die Belohnung für die Mühen des unermüdlichen Einsatzes, der um Erledigung des Ansuchens Bemühten, auf materiellem Wege erfolgen – durch Vorschreibung von Bescheidgebühren, Bundesstempelgebühren, Gebühren für das Rangordnungsansuchen, Kaufvertragskosten, Kosten für die Vermessung, Erhebungskosten für das Vermessungsamt und die Baubehörde, Gebühren für das Vermessungsamt, Gebühren für das elektronische Urkundenarchiv, Kosten für die Selbstberechnung (Multiplikation des Kaufpreises mit z. B. 0,035) der ImmoESt, Grundbucheintragungsgebühren, Immobilienertragssteuer und Grunderwerbssteuer.

Und – bei all den Anstrengungen in dem Netzwerk gegenseitigen Bemühens und Belastungen, ist es unausweichlich, dass im Zuge der Amtshandlungen eine(r) etwas vergisst weiterzugeben; dort etwas liegen bleibt; da eine(r) eine Rangordnung für Grundstücke einträgt, welche gar nicht betroffen sind oder dort eine(r) auf Urlaub ist. Oder, dass die Mitarbeiter noch mehr überlastet sind.
Beispielsweise bedauerte ein Chef vom Amt, dass die Politik den Mitarbeiterstand gekürzt hat und er keine Ersatzfrau für einen Mitarbeiter hat, welcher auf Urlaub ist. Wegen dem Personalmangel sei es auch normal, dass auf die Bearbeitung eines Grundgesuches durch den Rechtspfleger am Bezirksgericht sechs und mehr Wochen gewartet werden muss.
Was muss am Grundgesuch „gepflegt" werden (wurde dieses Grundgesuch doch in monatelangen, intensiven, gewissenhaften und mit zahlreichen Schriftstücken (s. o.) unterlegten Arbeitsprozessen im Notariat entwickelt), könnte man sich fragen?
Muss dieses Gesuch nun einem Stempel bekommen; mit einer Nummer versehen; eingescannt – damit es in der Datenbank ruhen kann; betrachtet und /oder konserviert werden?
Oder (scherzhaft?) – müssen mit einer Schere Löcher in das Gesuch geschnitten werden, damit es ordnungsgemäß in einem Ordner abgelegt werden kann?"

Na dann gute Nacht, denn dann könnte es weitere Wochen brauchen, wenn die Schere gerade beim Scherenschleifer ist, oder auf Urlaub.

Zwischenbilanz nach 6 Monaten: Die Käufer warten auf die Eintragung im Grundbuch und die Verkäufer auf den „Kaufpreisfluss" (so heißt das im Notariat). Die Verkäufer haben die 2. Zahlungsaufforderung vom Finanzamt erhalten. Diesmal mit Säumniszuschlag und Androhung einer Pfändung von Arbeitseinkommen, Geldforderungen, etc.

Der Grundstückskauf – Teil 2, ein Traum?

Käufer und Verkäufer gehen an einem Dienstag gemeinsam zum Grundbuchamt auf das Bezirksgericht. Das Anliegen: Familie K möchte einen Teil des Grundstückes von Familie V kaufen und darauf ein Haus bauen. Zuvor hatten die Verkäufer (wie vereinbart) einen Geometer beauftragt. Dieser hat das neue Grundstück vermessen, 2 Grundstücksmarkierungen gesetzt und die Vermessungsurkunde (Teilungsplan) vorbereitet.
Dienstags von 9 bis 12 Uhr ist so genannter Bürgerservice-Parteienverkehr. Um 9 Uhr 52 melden sie sich beim Empfangsschalter an. Mitgebracht wurden Personalausweise bzw. Reispässe und Staatsbürgerschaftsausweise, damit der Beamtin / dem Beamten klar und eindeutig sein kann, wer wer ist und dass sie Staatsbürger dieses Landes sind.

Um 10 Uhr 13 werden sie aufgerufen und von Beamtin Frau Simpl begrüßt. Nach kurzer Erklärung des Anliegens klickt Frau Simpl auf ihre Tastatur und ruft das einseitige Formblatt „Grundstücksänderungsantrag" auf ihrem Bildschirm. Nun werden die Verkäufer- und Käufernamen eingetragen. Dann wird die geänderte Grundstücksgröße vom Verkäufergrundstück berechnet. Frau Simpl verwendet dazu einen Grundrechnungstaschenrechner und tippt nach Subtraktion, den um die Verkaufsfläche reduzierten Wert in das vorgesehene Formularfeld. Dann wird für das neu zu schaffende Grundstück die Grundstücksnummer und Fläche eingetragen.

Die neue Nummer wird Frau Simpl nach kurzem Anklicken im Flächenwidmungs-/Bebauungsplan vorgeschlagen.

Abschließend werden – wie vorab vereinbart – die Grundstückskosten, Zahlungsbedingungen in das Formular eingetragen. Und auch, wer die anfallenden zus. Kosten (z. B. Aufschließungskosten, Kosten für die Vermessung des Grundstückes, ...) übernimmt.

Um 10 Uhr 21 unterschreiben Käufer und Verkäufer das Formular. Frau Simpl erklärt nun den nächsten Schritt: Der Antrag muss von den Verkäufern freigegeben werden. Das kann gleich geschehen oder später. Und – das kann jederzeit erfolgen und ist nicht an die Parteienverkehrsregelung gebunden. Anschließend an die Freigabe durch die Verkäufer werden die neuen Grundbuchauszüge im System erstellt. Frau Simpl erklärt, dass dies in der Regel in wenigen Minuten erfolgt.

Verkäufer und Käufer hatten sich geeinigt, dass die Freigabe nach Überweisung des Kaufpreises erfolgt, bedanken sich bei Frau Simpl und verlassen um 10 Uhr 27 das Grundbuchamt.

Mittwoch nachmittags überweisen die Käufer den Kaufbetrag auf das vereinbarte Konto der Verkäufer.

Am nächsten Tag gibt es die Freigabe der Verkäufer am einseitigen Grundbuchänderungsantrag. Minuten später ist die grundbücherliche Durchführung des Grundverkaufs erledigt.

Im „Hintergrund" laufen dann noch folgende Aktivitäten: Die Änderungen im Grundbuch werden dem Magistrat der Stadt, dem Geometer und dem Finanzamt mitgeteilt.

Der Geometer trägt die neue Grundstücksnummer in die Vermessungsurkunde ein und liefert diese Daten elektronisch an die Vermessungsbehörden. Damit ist Größe und Lage des neuen Grundstückes festgelegt. Mit diesen Daten wird der Flächenwidmungsplan aktualisiert.

Das Finanzamt fordert von den Verkäufern eine Erklärung zur Immobilienertragsteuer und von den Käufern eine Erklärung zur Grunderwerbssteuer. Diese Steuern werden dann mit Bescheid vorgeschrieben.

Ende.

Wahrheiten in der Politik

Beispiel „Veranlagungsspekulationen mit dem Geld der Bürger".

Partei A (Regierungspartei): *„Fakt ist, auch wenn sich die anderen Parteien noch so sehr bemühen – unterm Strich ist ein Gewinn herausgekommen. Der Unterschied von 1,7 Mrd. Euro sind keine „Rundungsdifferenz", sondern eine Falschinformation der anderen Parteien, die diese Zahl laufend kolportiert haben. Sämtliche Verkäufe wurden im Landtag beschlossen."*

Partei B (Opposition): *„Fakt ist, dass mind. 1,1 Milliarden Euro verzockt wurden, Millionendeals für Vertuschungsmanöver wurden getätigt sowie die Staatsanwaltschaft ermittelt wegen Bilanzfälschung. Der Finanzchef spekulierte im großen Stil. Nicht nur mit Steuergeld, sondern auch damit, dass Journalisten und BürgerInnen sein System – das er gemeinsam mit Fondsmanagern, Vertrauten und Bankenbossen so kompliziert wie möglich erschaffen hat – nicht durchschaubar ist. Bisher sind über 500 Millionen Euro Spesen ausgegeben worden und weitere Millionen stecken noch in Risikofonds und drohen ebenfalls verzockt zu werden.*
Von 2008 bis jetzt forderten wir immer wieder Aufklärung über die Spekulationsdeals in Form von parlamentarischen Anfragen, aktuellen Stunden im Landtag und pochten auf einen U-Ausschuss und Sonderlandtag. Die BürgerInnen haben ein Recht darauf, zu wissen, wo ihr Geld liegt bzw. an wen ihr Geld verscherbelt wurde. Weiteres kritisieren wir, dass weder im Bereich Straßenbau, noch bei Prestigeprojekten gespart wurde. Fakt ist: wir haben Verluste – keine Gewinne: Wir vermuten sogar, dass die Verluste noch höher sind, als bisher bekannt."

Partei C (Opposition): *„Unsere Partei hat bereits im Jahr 2002, als erkennbar war, dass die undurchsichtigen und risikoreichen Veranlagungen einen gefährlichen Weg nahmen, ein Ende der Spekulationen gefordert. Doch die Mehrheitspartei A hat das riskante Spiel nicht nur weiter betrieben, sondern auch noch durch drei weitere Veranlagungstranchen verstärkt. Um an Spielgeld zu kommen, wurden acht Milliarden Euro sichere zukünftige Einkünfte aus Wohnbaudarlehen auf beinahe die Hälfte abgezinst. Dieser immense Startverlust von 3,6 Milliarden hätte zwingend durch einen phantastischen Zinssatz von etwa 5 Prozent über die Zeit ausgeglichen werden müssen. Doch dies hat von Beginn an nicht funktioniert – weshalb unsere Partei auch schon damals auf ein Ende der Spekulationen gedrängt hat. Dass dem Kapitalstock auch noch Geld entnommen wurde um die Budgets auszugleichen, hat die Lage verschärft und kann nicht als zukunftsträchtige Investitionen dargestellt werden."*

Rechnungshof: *„Die Performance der veranlagten Gelder unterschritt bis Ende 2008 das langfristige Ergebnisziel des Landes um knapp eine Milliarde Euro. Der Veranlagungsgesellschaft gelang es nicht, die vertraglich vereinbarten Mindestauszahlungen im Zeitraum 2002 bis 2008 rein aus den erwirtschafteten Erträgen zu leisten.*
Die Veranlagungsrenditen lagen deutlich unter den Renditen laufzeitgleicher Veranlagungen; die erzielten Renditen unterschritten die Performance-Benchmark um bis zu 2,46 Prozentpunkte. Eine im Jahr 2012 durchgeführte Überprüfung ergab folgendes Ergebnis: Der bis Ende 2008 im Vergleich zum langfristigen Ergebnisziel des Landes festgestellte Fehlbetrag von knapp einer Mrd. EUR konnte – unter anderem auch aufgrund der ungünstigen Marktentwicklung – nicht aufgeholt werden."

Bildungsauftrag

Für den öffentlich-rechtlichen Rundfunk bzw. das Fernsehen ergibt sich der Bildungsauftrag bereits aus der Möglichkeit, Rundfunkgebühren einzuheben. Dazu beispielhaft ein Zitat aus einer von der Universität Wien publizierten Analyse, welche die Situation des ORF zum Thema hat: "Das Österreichische Fernsehen hat so wie der gesamte ORF aufgrund seiner Finanzierung aus Zwangsgebühren einen öffentlich-rechtlichen Auftrag zu erfüllen. ..."

Folglich – ein Blick in das Programmheft eines beliebigen Tages:

06:35 Stuart Little, Zeichentrick-Serie, 2003
08:00 Die Pinguine aus Madagascar, Animations-Serie, USA 2008
08:10 Parker Lewis – Der Coole von der Schule, Jugend-Serie, USA 1992
08:30 Zoey 10, Jugend-Serie, USA 2005
08:50 Malcolm mittendrin, Comedy-Serie, USA 2003
09:15 Malcolm mittendrin, Comedy-Serie, USA 2003
09:35 Samantha Who? Comedy-Serie, USA 2007
10:00 Scrubs – Med School, Comedy-Serie, USA 2009
10:20 Scrubs – Med School, Comedy-Serie, USA 2010
10:40 Die Bankdrücker, Komödie, USA 2006
12:25 Die fantastische Welt von Gumball, Zeichentrick-Serie, GB/D/IRL/USA 2011
13:10 Kung Fu Panda, Animations-Serie, USA 2011
14:05 Hör mal, wer da hämmert! Comedy-Serie Nach Ideen von Carmen Finestra, David McFadzean, Matt Williams und Elliott Schoenman, USA 1993
14:30 Hör mal, wer da hämmert! Comedy-Serie Nach Ideen von Carmen Finestra, David McFadzean, Matt Williams und Elliott Schoenman, USA 1993
14:55 How I Met Your Mother, Comedy-Serie, USA 2012
15:15 How I Met Your Mother, Comedy-Serie, USA 2012

15:35 Malcolm mittendrin, Comedy-Serie, USA 2003
15:55 Malcolm mittendrin, Comedy-Serie, USA 2004
16:25 The Middle, Comedy-Serie, USA 2010
16:45 Scrubs – Med School, Comedy-Serie, USA 2010
17:10 Scrubs – Med School, Comedy-Serie, USA 2010
17:30 Die Simpsons, Zeichentrick-Serie, USA 2004
17:55 Die Simpsons, Zeichentrick-Serie, USA 2004
18:20 How I Met Your Mother, Comedy-Serie, USA 2012
18:45 How I Met Your Mother, Comedy-Serie, USA 2012
19:10 The Big Bang Theory, Comedy-Serie, USA 2011
19:35 Mein cooler Onkel Charlie, Comedy-Serie, USA 2009
20:15 The Mentalist, Krimi-Serie, USA 2012
21:00 Grey's Anatomy, Krankenhaus-Serie nach einer Vorlage von Shonda Rhimes, USA 2012
21:55 Private Practice, Krankenhaus-Serie, USA 2012
22:45 The Big C, Drama-Serie, USA
23:15 Californication, Comedy-Serie, USA 2011
23:45 Californication, Comedy-Serie, USA 2011

Und dazwischen, in den Pausen, schwachsinniges Werbegebrüll. Oder Firlefanz-Ekstase bei Liveübertragungen.

Dazu könnte man sich die Frage stellen, mit welcher Berechtigung werden dafür Pflichtbeiträge eingefordert?

Oder – wie viel Verrücktheit geht noch ?

Innovation: Der Schneeflockenblaser

Endlich setzt er sich durch, der Freund vom Laubsauger (Laubblaser), der Minischneeflockenblaser für Jedermann.
Dank menschlicher Genialität gibt es den Fortschritt, denn wegen der Erfindung des Laubblasers dürfen Besen und Rechen rasten. Und nun – der Gerechtigkeit sei Dank – auch der Schneeschieber und die Schaufel.

Die Schneeflockenblaser sind bahnbrechende Innovationen. Die Mickimausausführung für den Hausgebrauch gibt es schon um € 499.
Ein technisches Wunderwerk, das von Hand geschoben oder gezogen, Benzin direkt in heiße, mit Verbrennungsgasen angereicherte Luft und vor allem in dröhnende Schallwellen umwandelt und nebenbei – sozusagen gratis – Schneeflocken durch die Luft wirbelt.

Man kann damit private oder öffentliche Flächen, beispielsweise Parkplätze, vom Weiß befreien und um im Schnee parkende Autos kreisen und die Schneeflocken tanzen lassen.

Der Vorteil liegt im Training des Durchhaltevermögens mit Kondition stärkender Wirkung. Denn was beispielsweise mit einem herkömmlichen Schneepflug in Minuten erledigt ist, kann mit dem Miniblaser bereits in Stunden erledigt werden. Das liegt unter anderem daran, dass jede Schneeflocke mehrmals wirbeln darf oder muss. Manche Schneebläser können davon gar nicht genug kriegen.

Darüber hinaus dürfen die stolzen Schneeblaserbesitzer oder deren Sponsoren ihre Rücken krümmen – für die Anschaffungskosten und für Benzin. Und für das Zuhause vom Blaser und die laufende Pflege. Damit er tut, was von ihm erwartet wird.

Diese Vorteile können der Schneeschieber – mit oder ohne Luftbereifung – oder gar die Schneeschaufel bei Weitem nicht vorweisen.

Auch nicht zu vergessen ist das Erlebnis, die Betriebsamkeit. Viele Unbeteiligte dürfen am Ereignis teilhaben und müssen sich nicht mehr alleine fühlen. Vorbei die beklemmende Stille in dörflicher Umgebung. Pulsierendes Leben im Takt der zwei Zylinder. Nicht nur im Frühling, Sommer und Herbst – nun auch im Winter.

Den Ewiggestrigen sei´s gesagt.

Zahlenspielerei

Blödsinnig - oder doch nicht?

Wenn schon nicht Effektivität, dann wenigstens Effizienz, könnte man meinen. Dies soll am Beispiel der Organisation eines Heeresverbandes von einem kleinen Land im Herzen Europas untersucht werden: In dieser Organisation gibt es 207 Generäle (inkl. Miliz und Reserve) mit 4 Dienstgraden, 2800 Offiziere mit 7 Dienstgraden, 10.200 Berufsunteroffiziere mit 6 Dienstgraden, 3500 Chargen mit 3 Dienstgraden, 27.000 Milizsoldaten und 12.000 Grundwehrdiener (26.000 bis 27.000 im Jahr) und zusätzlich 9000 Zivilbedienstete.
Das ergibt in Summe 20 Dienstgrade über den Grundwehrdienern / Rekruten im niedrigsten Mannschaftsdienstgrad.

Nun sei ein Zahlenspiel gewagt und die Anzahl der Dienstgrade gleich der Anzahl an Hierarchiestufen gesetzt. In manchen Unternehmen ist es ja durchaus üblich, dass ein Vorgesetzter im Durchschnitt 4 Mitarbeiter („Untergebene") hat. Beispielsweise hat dabei ein Vorgesetzter nur einen Mitarbeiter, dafür der andere sieben. Das entspricht dann einer durchschnittlichen Führungsspanne („span of control") von 4 (was eine eher niedrige Zahl ist).

Nun könnte man fragen: Wie viele Mitarbeiter hat eine Organisation mit 20 Hierarchiestufen bei einer Führungsspanne von vier?
Die Formel für diese Berechnung lautet: $4^{20} + 4^{19} + 4^{18} + ... + 4^1 + 1$

Der erste Summand $4^{20} = 1,099511628 \times 10^{12}$ (10^{12} sind 1000 Milliarden). Selbst wenn wir also die weiteren Summanden vernachlässigen, dann sind es weit mehr als hundert Milliarden Rekruten, welche mit dieser Organisationsform „geführt" werden könnten.
Zur Orientierung: Derzeit leben 7 Milliarden Menschen (vom Säugling bis zum Greis) auf dieser Erde.

Ändern wir nun die Sichtweise und nehmen wir an, dass jeder zweite Dienstgrad nichts mit Aufgaben und/oder mit der Hierarchie zu tun hat, sondern mit Dienstjahren, wenn im Zeitlauf der Ergrauung, der die Dienstgradstufen Hinaufgewanderte beispielsweise nun Brigadier ist. Und nehmen wir weiters an, dass viele in der Führungsriege keine Mitarbeiter haben, sondern als Spezialisten unterwegs sind.

Mit beispielsweise 10 Hierarchiestufen ergibt das eine Mitarbeiterzahl von $4^{10} + 4^9 + 4^8 + 4^7 + ... + 4^1 + 1$
Der erste Summand $4^{10} = 1.048.576$. Die gesamte Organisation hätte dann 1.398.101 Mitarbeiter. Wegen der Spezialisten-Dienstgrade ohne Mitarbeiter halbieren wir diese Zahl und kommen auf 699.000.

Aber auch diese Zahl ist um mehr als das 10-fache größer, als die Anzahl der Bediensteten in dieser Streitkraft.
Könnte man nun der Ansicht sein, dass mit dieser Anzahl an „Führungskräften" eine um einen Faktor 10 größere Organisation geführt werden könnte?

Blödsinnig?

Oder?

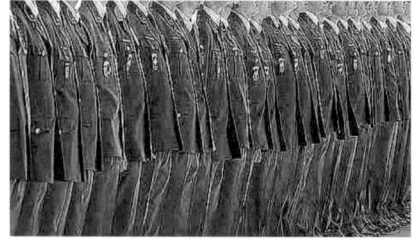

Tatort Papier

Keine unbeeinflussbare Naturkatastrophe – selbstgemacht, ein Produkt menschlicher Genialität und Intelligenz, Berge von Papier verblöden / versklaven die Menschheit: Müllberge an Selbstbeweihräucherungsgefasel der Werbebranche, über viele Jahre Hunderte Seiten oberflächliches Gefasel über XY (..., Lucona, Androsch, Kartnig, Strasser, Grasser, Grexit, Hypo, ...) in den Printmedien.

Und – Gesetze, Verordnungen, Bescheide und sonstige Textkreationen aus den Amtsstuben aller Art, zusammengebastelt auf den Grundlagen der Selbsterhaltungsexperten der Rechtvernebelungswissenschaft.
In der Regel: 90% Standardblabla, davon 90% nicht zutreffend bzw. völlig unbedeutend. Vom notwendig Sinnvollem, sind 40% nicht erwähnt und 40% falsch. Das Übriggebliebene ist derart textmisshandelt, dass zwei Uni-Sechzehnsemester-Absolventen locker drei Interpretationen zu liefern in der Lage sind.

Wahnsinn auf Papier findet man auch in Betriebs- bzw. Bedienungsanleitungen von Produkten der globalen Konsumrauschgesellschaft. In der Regel sind mindestens 90% vom Papiervolumen anderen Sprachen vorbehalten. Die verbleibenden 10% sind dann für eine Gruppe von Produkten gedacht, von denen im Glücksfall dasjenige Produkt dabei ist, um das es sich eigentlich handelt. Im Normalfall bleibt dann dabei völlig unklar, was zutrifft und was nicht. Es geht vorwiegend um selbstverständliche Sachverhalte, welche im Kindergartenstil überbracht werden, wie beispielsweise „Nona"/Blödsinniges: „Es ist gefährlich Verpackungsmaterial zu schlucken".
Was in der Regel nicht zu finden ist, sind die wesentlichen Erklärungen und Hinweise.

Im Theater - Fiktion oder Analogie einer Realität?

Es gibt ein wunderschönes, Theater mit großartiger Eingangshalle und prunkvollen Stiegenaufgängen zu den Bereichen „Stehplätze", „Parkett", „Balkon", „Galerie" und „Logen".
Alle Besucher mit Abo-Karten haben Zutritt zu ihren Plätzen. Für Gäste ohne Karten gibt es in der Eingangshalle eine Kassa für den Stehplatzbereich. Alle anderen Kassen befinden sich in den jeweiligen Bereichen.
Die Wege zu den Bereichen „Parkett", „Balkon", „Galerie" und „Logen" sind gesperrt und werden überwacht: Alle Gäste werden in die Eingangshalle zurückgewiesen.
Da viele Gäste keine Stehplätze möchten und in die Logen wollen, gibt es Dienstleister, welche - gegen Bezahlung - die Gäste in ihren Wunschbereich begleiten, damit sie dort an der Kassa ihre Eintrittskarte erhalten können.
Manche der Dienstleister möchten dabei rücksichtslos verdienen, manche machen das um zu helfen.
Da der Weg - beispielsweise über den Parkettraum, an den Außenwänden zu den Logen - beschwerlich und gefährlich ist, gibt es manchmal Unfälle und auch Tote. Aber, für die Gäste gibt es keine anderen Alternativen, um in die Logen zu kommen.
In der Loge angekommen, werden die Gäste empfangen. Einige bekommen ein Glas Sekt - man bemüht sich um sie. Gibt es keine Plätze mehr, werden die Gäste zurück zum Ausgang gebracht.
Um das Problem zu lösen und etwas gegen Unfälle und das Sterben zu tun, werden die Schlepper verhaftet.

Normal, krank oder vertrottelt?

Konsum und Zeitgeist
 Ist es sinnvoll/zweckmäßig/vernünftig/, dass ...

... Klumpert, das keiner braucht bzw. um die Ecke wächst oder erzeugt wird bzw. werden könnte, weltweit hin- und hergeschickt wird und somit die Erde ausraubt, verdreckt und verbrüllt?

... in den Shoppingtempeln Hunderte Varianten von Irgendwas immer verfügbar sein müssen, um dann weggeschmissen zu werden?

... in den Wohlfahrtsstaaten Zigtausende Dinge die Menschen versklaven und alle Zeit zum Leben stehlen, weil sie Platz brauchen, regelmäßig betreut, gewartet, Zugangsdaten (Benutzerdaten, Passwörter, Codes, ...) einfordern, repariert, gereinigt, mit neuen Batterien bestückt, aufgehoben, gesucht werden müssen – und Regierungen und Politik die Lösung der Probleme Arbeitslosigkeit, Sinnkrisen, Zivilisationskrankheiten (Depressionen, Fettleibigkeit, u. a. m.) in immer Mehr, im Wachstum sehen – in immer mehr Geld bzw. Geldumlauf?

... es kaum mehr möglich ist, dem Tag und Nacht unsagbar blödem Werbegebrüll, beispielsweise für eine Antifaltencreme für Neugeborene zum Kostfastnixpreis, zu entkommen. Oder der täglichen SALE-Flut im Postkasten, voll mit Tausenden Nütz- und Unnützlichkeiten. „Normalpreis" abgeschafft – alles zur Ersparnis, billiger, mit Rabatt – Aktionspreise, reduziert, minus 30-50-70-90 Prozent oder um nur Null Euro bzw. 300 Euro Treubonus für Niemalskunden?

... staatliche Rundfunkbetreiber Tag und Nacht Fernsehprogramme mit hirnloser Dauerberieselung mit Hintergrundgelächter ausstrahlen und dafür Zwangsbeiträge kassieren dürfen?

... so genannte moderne Kunst um Hunderttausende Euros gehandelt wird. Beispielsweise 2 x 2 Meter weißer Strich auf weißem Hintergrund oder mit Urin übermaltes Nackedeifoto?

... Zeitgeistler sich Motor betreiben und/oder ferngesteuert das Dasein „erleichtern", um dann, ausgleichend auf Bewegungsmaschinen in den Fitnesstempeln, Motor getrieben und ferngesteuert Übergewicht und Muskelschwund zu bekämpfen?

... immer weniger Menschen Nutzen bringende, sinnstiftende Arbeit machen und immer mehr auf Kosten dieser, nutzlose Papiere / Datenkonstrukte kreieren, speichern und verteilen?

... Jugendliche immer häufiger und andauernder in der Scheinwelt Internet leben?

... Eltern ihr Kind am Flughafen aussetzen und 2 Wochen auf Badeurlaub fahren?

... Frauen zu lebenslang verurteilten Massenmördern Liebesbriefe und Heiratsanträge schicken?

... Finanzhaie Hunderte Millionen Dollar für eine neue Technologie in eine Unterseekabelverbindung investieren, damit der Finanztransaktions-Hochfrequenzhandel mit Währungen, Rohstoffen, Aktien, Anleihen und deren Derivaten von New York nach London um 5 Millisekunden schneller durchgeführt werden kann und somit statt 65 nur mehr 60 Millisekunden dauert. Damit können zweihundert Transaktionen mehr in der Sekunde durchgeführt werden. Da kann bei einem Cent Preisunterschied schon ein Millionen- bis Milliardenbetrag „erwirtschaftet" werden?

... Politiker und sonstige (K)Experten gebetsmühlenartig vom Kaputtsparen reden, wenn nach wie vor die Ausgaben höher sind, als die Einnahmen?

... dass Politiker und/oder Bürokraten ein wirres Gestrüpp von Gesetzen, Verordnungen, Bescheide, Verträge, Hinweise und Verbote „erfinden", welche einfache Sachverhalte zu Unverständlichem, beispielsweise Textlawinen mit Hin- und Zurückverweisungen aufblasen, wofür Institutionen mit einer Heerschar von so genannten Rechtsexperten „benötigt" werden, um mit jeweils unterschiedlichen Interpretationen Schlupflöcher zu finden oder zu stopfen und/oder zu erklären, was eigentlich gemeint ist?
Anmerkung: Dies gilt im Besonderen auch bei Gesetzen und Verordnungen im Steuern- und Abgabenrecht und sichert somit für Berater aller Richtungen inkl. der Steuervermeidungsprofis ein lukratives Einkommen. Es sollte dazu auch nicht besonders erstaunen, wenn ein (Ex)Finanzminister seine Steuervermeidungspraktiken vor Gericht mit „er habe seinem Steuerberater vertraut, er kenne sich nicht aus" erklärt.

... dass auch im Paragrafendschungel div. Bauordnungen und Baugesetzbücher Regulierungswut herrscht – beispielsweise Stiegenhöhen oder Hasenstalltüren in allen Dimensionen geregelt sind, aber andererseits, wenn es regnet, Häuser regelmäßig unter Wasser stehen, weil sie dort stehen, wo vorhersehbar das Wasser steht?

... dass es auch im Straßenverkehr Tafeln in allen Formaten und Farben – mit Hinweisen und Verboten gibt. Überall, wohin das Auge blickt – offensichtlich in der warmen Stube geplant und von Dreiradexperten aufgestellt und öfters als manchmal irreführend und/oder nachvollziehbar?

Lachen oder Weinen?
Wir brauchen Mehr!
Zeitgeist-Vorschläge für grenzenloses Wirtschaftswachstum

(1) **Innovation** "Wachstumsmotor Industrie 4.0": Industrielle Fertigungsstraßen in denen Roboter auf ihre Umgebung dank Zigtausender Sensoren reagieren, Maschinen die miteinander kommunizieren, sich selbst organisieren oder sogar reparieren.
Dadurch steigt die Produktivität und es gibt mehr Jobs: Im Bereich Maschinen und Anlagenbau werden 20.000 Arbeitsplätze der Automatisierung zum Opfer fallen. Dafür entstehen aber 30.000 Arbeitsplätze aus dem Wachstumsimpuls. In Summe um 10.000 Jobs mehr!
Und es gibt zusätzliches Umsatzwachstum in der Automobilindustrie und bei den Nahrungsmitteln.
Ganz aktuell und noch streng vertraulich: „Industrie 5.0", die Lösung für grenzenloses Wachstum und somit das Aus für Wirtschaftskrisen. Ein enormes Umsatzwachstumspotential und viel mehr Jobs – für die Besten der Besten steht vor dem Start: Der 4D-Roboter.
Dieser Teletransportroboter umkreist die Produktionslinien mit annähernd Lichtgeschwindigkeit. Durch die Zeitverlangsamung ist er in der Lage mehr pro Zeiteinheit zu produzieren. Was „normale" Roboter in 24 Stunden schaffen, erledigen die Teletransportroboter in wenigen Stunden. Dadurch kann der Output – beispielsweise in Konservendosen optimal raumfüllend eingelegte rotationsgehackte Hühnerfiletstücke – deutlich gesteigert werden. Damit steigt die Produktivität und Effizenz des Systems und es können beispielsweise in der Lebensmittelindustrie weitere 10.000 Arbeitsplätze eingespart werden.
Um diese Effizienzsteigerung zu ermöglichen, können 50.000 höchstqualifizierte Arbeitsplätze geschaffen werden. Eine Perspektive für die kommenden Generationen: Sinnstiftende Arbeit für Alle und Sicherung stetig steigernder Wachstumsraten.

Und – um die Steigerungsraten weiter zu steigern, denken die Wissenschaftler bereits an „Industrie 6.0": An Roboter, welche den Menschen nicht mehr brauchen. Sie entwickeln sich selbst und entwickeln selbstständig weiter umsatzsteigernde Innovationen.

Aus gut informierten Roboterkreisen ist bereits durchgesickert: Produkte mit integrierter Haltbarkeitssensorik, welche bei nachlassenden Umsatzsteigerungsraten die Lebensdauer bzw. Haltbarkeitsdauer automatisch verkürzen und somit die Wegwerfraten und den Wiederbeschaffungskauf steigern.

Für eine smarte Zukunft sorgen „Apps & Games & Robotics & Connected Life": GPS-Fitness-Tracker für Hunde, Supercharger-Stationen für Virtuelle-Realität-Brillen mit Over-the-Air-Update, Action-Cams mit Peak-Finder-App inkl. Picture Perfection Rate und Woofer für Ski-Selfies mit Touch Handschuh für Smartphones inkl. Power-Duo Akku für Go-Pro-Fans und Couch Commercers, Stress Repair Sets für loveness & friendship: Free Diving & Flying Fox – Rope Jumping! ...

Und weiteres – die "2 Minuten Pitches" der Startups beschleunigen den Innovationsprozess: Mirror-Monitoring vor dem Verlassen der Wohnung. Passt die Kleidung zur Außentemperatur?

Flüssigkeitstransport-Robotik für den schnellsten Kaffee der Welt bzw. Playbrush – ein Gadget, dass herkömmliche Zahnbürsten zum Controller von Spielen auf einem Smartphone oder Tablet macht.

(2) Marketing 4.0: Vollkommene **Entkoppelung des Konsums vom Bedarf** mit dem Ergebnis einer Konsumvervielfachung. Waren und Produkte werden vor einem ohnedies nicht beabsichtigten Verbrauch weggeschmissen oder verschwinden im Chaos der Zigtausenddinge in den Haushalten. Das Ziel der Werbe- und Marketingstrategen ist die Intensivierung des freien Wettkampfs über Stattpreise, Gutscheine, Gewinnspiele, Kreditangebote mit Negativverzinsung („Kauf jetzt und zahle später nur die Hälfte") und Mengenrabatte.

100 Tage Werbepost aus dem Briefkasten
20 kg
4228 Seiten
ca. 30.000 Produktangebote

Kein potentieller Konsument wird diskriminiert. Chancengleichheit durch eine Rund-um-die-Uhr-Beschallung in den Stadt- und Gemeindegebieten und durch Verkleidung der Hausfassaden mit Folienbildschirmen für unterbrechungsfreie Werbespots. Ergänzend, mit Einsatz von als Werbeplakatständer verkleidete Werbebotschafter, welche 24 Stunden täglich durch Straßen und Gassen wandeln. Nachts mit bunter, blinkender Beleuchtung.
Eine solidarische und arbeitsplatzsichernde Maßnahme – mit Garantie bis ins hohe Alter.

Und weiteres – staatlich geförderte Großraumbriefkästen für die sorgsame Aufbewahrung der im Tagesrhythmus gelieferten Vielzahl von Hochglanzwerbemagazinen und Katalogen.
Beispielsweise die täglich auf 37 Seiten erscheinenden Angebotsupdates über Bio – Neuseelandschafmilch – Kekse für Zwergpinscher.
Mit zertifizierter Schafmilchverträglichkeit laut aktueller Allergenverordnung in allen Farben, Formen und Größen.
Die Bio-Romneyschafmilch stammt aus West Coast, Neuseeland, gebacken wird in Burkina Faso, Westafrika und verpackt in der Provinz Sichuan in China. Verfügbar sind diese Leckerlis in allen Varianten. Durch Industrie 4.0 ist eine individuelle Mixzusammenstellung in Anzahl je Form, Größe und Zuckergehalt möglich. Diese wird Overnight geliefert. Der Preis kann gewürfelt werden. Treuekunden bekommen ab der Erstbestellung einen Sonderrabatt inkl. Gutschein für 10% Preisnachlass für einen Wellnessurlaub für den Zwergpinscher in Thailand.

Eine **Win-Win-Win-** Situation:
Durch „Konsum-vom-Bedarf-Entkopplung" werden 3-fach Arbeitsplätze geschaffen.
Die Abfall- und Müllentsorgung kann ebenso wie die Werbebranche vermehrt hochwertige Arbeitsplätze bieten.
Experten schätzen, dass die Wachstumsimpulse dieser Branchen bis zu einem 80%-Anteil am BIP weiter ausgereizt werden können.
Und nicht vergessen werden dürfen die Wachstumsimpulse für die Branche der Psychologen und Psychiater, Nervenärzte und Krankenpfleger. Und natürlich der -Innen.
Die durch den Konsumschub geschwächten, psychisch gestörten, labilen Charaktere müssen fit gemacht werden. Es geht um Chancengleichheit und um das Ende der Diskriminierung.
Alle sollen am Konsumrausch teilhaben dürfen.

Die enorme Nachfrage nach Experten dieser Fachrichtungen senkt die Akademikerarbeitslosenraten auf weit unter Null Prozent. Dadurch können jedwede Beschränkungen für die Einwanderung afrikanischer bzw. asiatischer Akademiker dieser Berufe aufgehoben werden.
Ein humanitäres Vorzeigeprojekt. Ermöglicht durch die Konsumexplosion durch den Bedarfsentkoppelungstrick.

(3) Mehr **Globalisierung** durch Initiative Physical Internet , Sales-driven Activities , Flagshipstores und durch "more Logistics".
Umsetzung der Wettbewerbsreserven in der globalen Transportlogistik für die Steigerung der Globalität. Smart Production, Smart City Logistics, Verlängerung der Breitspurbahn nach Europa, Overnightproduct, Open-Top-Container für den kombinierten Verkehr, Dynamic Steering, Persönliches Fahrercoaching, Trucks Dualclutch, Hinterland-Hub durch Kopple-Shuttle, Coole Offroad- Optik, Crossover-Mini- Super Size Utility Vehicle.

Alles inkl. Outdoor – Kissentechnologie und WAU-Effekt. Keep cool & Chill out.
Und – unterstützt durch: Crowdinvesting, Crownfunding, Stable Return Fund, Mobile Multi Channel Banking.

Und weiteres – ein zusätzlicher Globalisierungsschub ist durch **Exportförderungen** garantiert:
Führende Wirtschaftsexperten schlagen vor, den Export – und somit die Wettbewerbsfähigkeit – mit staatlichen **Exportförderungen** anzukurbeln. Damit soll immerwährend steigendes Wirtschaftwachstum möglich werden.
Damit die Importe billiger und somit wettbewerbsfähiger werden, sollen Exporte mit mindestens 50% des Warenwertes gefördert werden. Dann wird mehr gekauft und die Wirtschaft wächst.
Die begründet erwartete Folge: die Einnahmen für den Staat steigen und er kann weitere Mittel für die Exportförderung zur Verfügung stellen.
Ein weiterer Impuls ist durch die zusätzlichen hochqualifizierten Arbeitsplätze in Transport und Logistik garantiert.
Mehr Arbeit für mehr Menschen sichert mehr materiellen Wohlstand.

Sollten die Wachstumssteigerungsraten nachlassen, kann die Exportförderung – bis zu 100% und darüber – gesteigert werden. Dadurch kann erreicht werden, dass der weltweite Warenexport das weltweite Bruttoinlandsprodukt übertrifft und der gesamte Konsum und das Sachvermögen ausschließlich aus dem Import (=Export) abgedeckt wird.
2012 lag der weltweite Warenexport bei ca. 20 Billionen USD und das weltweite Bruttoinlandsprodukt bei 75 Billionen USD. Es gibt also noch genügende Potential für den Export und somit die begründete Hoffnung für eine gute Zukunft.

(4) Wachstumstreiber "**Work-Transformation**".

Von der unbedankten Hausarbeit (Subsistenzarbeit) zur Erwerbsarbeit!
Wachstum für die stagnierende Hundertschar von Berufsgruppen. Viele neue Beschäftigungsvarianten könnten die Wirtschaft beleben. Beispielsweise Zähneputzer, Fernbedienungsbediener oder Nasenbohrer.
Alle natürlich auch gendergerecht für "... -Innen".
Jede Gruppe mit zahlreichen Spezialisierungen und Ausbildungsniveaus – bis hin zum Master.

Und mit all den aufgabenspezifischen Gewerbeordnungen und Lohntabellen – individuell und bürgernah für jedes Bundesland.
In landesspezifischer Form und Sprache und mit Standes- und Spartenvertretungen in der Bundes- und den jeweiligen Landeskammern.

Grausame Gegensätze
Übermaß, Pseudomoral, Verdrängung / Gleichgültigkeit

In den Überfluss- und Wegwerfgesellschaften: Die Hälfte aller Lebensmittel landet im Müll.

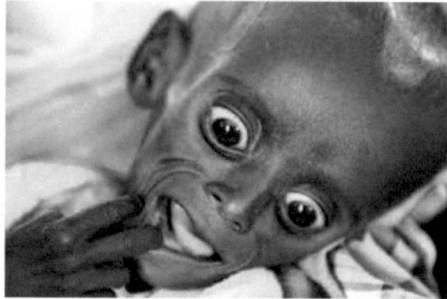

805 Millionen Menschen auf der Welt haben nicht genug zu essen. (FAO 2014)

Feuerwehreinsatz um Tiere zu retten. Beispielsweise eine Katze vom Baum.

Hundertmilliarden Tiere werden in Massentierhaltung gequält. Beispielsweise Hühner.

Am 2. Mai steigen zwei Boxer, Floyd Mayweather jr. und Manny Pacquiao, in Las Vegas in den Ring. Unfassbare 400 Millionen Dollar (370 Millionen Euro) soll das Spektakel einspielen.

Jedes Jahr sterben immer noch 1,5 Millionen Kinder unter fünf Jahren an Krankheiten, die durch Impfungen verhindert werden könnten.
Wie viele könnten mit 400 Millionen USD gerettet werden?

Die Überlebensformel: $(A + R) * E = L_{mV}$
>>> Die vielleicht wichtigste Gleichung für die Zukunft der Menschheit?

Aus **Arbeit** (A, geistig und manuell) und **Ressourcen** (R, Rohstoffe, Boden, Energie und Kapital) entstehen Produkte und Dienstleistungen. Diese bilden die Grundlage für den **Lebensstandard** (L) bzw. „materiellen Wohlstand".

Die **Effizienz** des Systems ergibt sich aus der Produktivität der Arbeitsprozesse (durch Austausch von Wissen (MINT – Mathematik, Informatik, Naturwissenschaft, Technik), vernünftigen Standards und aus der Vermeidung von Doppelgleisigkeiten und unsinniger Bürokratie und durch den effizienten Einsatz der Ressourcen.
Je effizienter, je mehr Produkte und Dienstleistungen, je höher der Lebensstandard. Die Messgröße ist üblicherweise das BIP (Bruttoinlandsprodukt).

Ein immer wichtiger werdender Aspekt im Wirtschaftssystem sind die unerwünschten Nebenwirkungen. Ohne Anspruch auf Vollständigkeit sind das: Verschwendung und Überfluss (beispielsweise bei Lebensmitteln); Verunreinigungen von Wasser, Luft und Boden; Klimaänderung; Lärm; Lichtverschmutzung; Massentierhaltung mit unermesslichem Tierleid und die Reduktion der Vielfalt.
Viele dieser Nebenwirkung haben Einfluss auf Unbeteiligte. Das Grausame an den Nebenwirkungen ist, dass sie oft global wirken. Sie machen nicht halt an den Grenzen von Wirtschaftsräumen, sie wirken überall. Und darunter müssen auch jene leiden, welche sie nicht verursacht haben.

Und zu den allgemeinen Nebenwirkungen gibt es noch die individuellen Probleme, wie Arbeitslosigkeit und in vielen Gesellschaften eine extreme Ungleichverteilung von Einkommen und Vermögen.

Daher muss es um mehr gehen, als um materiellen Wohlstand für einige Volkswirtschaften. Was nötig ist, ist ein „**Lebensstandard mit Verantwortung**" (L_{mV}) – und daher mit Zukunft. Mit Verantwortung gegenüber allen Lebewesen, heute und für die Zukunft. Nicht Wohlstand für privilegierte Minderheiten, aber Wohlstand für alle Menschen.

Ein Blick in die Zukunft
Die Erde kann nicht so viel geben, um den Ressourcenhunger der heute lebenden Menschen auf unserem Planeten zu stillen. Und sie kann die Nebenwirkungen menschlichen Handelns nicht ausreichend verkraften. Die Menschheit lebt auf Kosten der Zukunft. Wenige im grenzenlosen Überfluss und andere in bitterer Armut. Immer mehr leiden an Fettleibigkeit, während gleichzeitig viele Millionen Menschen den Hungertod sterben.
Es ist Tatsache: Es würde mehr als eine Erde brauchen, damit alle Menschen so leben können, wie sie es in den „entwickelten Staaten" tun. Und – ungeachtet des materiellen Wohlstandes in den Überfluss- und Wegwerfgesellschaften, stehen Sinnkrisen, Arbeitslosigkeit und Staatsverschuldungen an der Tagesordnung.

Das System ist falsch
Und es wird noch dramatischer, wenn in Zukunft mehr Menschen auf dieser Erde leben wollen. Wenn die Menschheit auf diesem Planeten Zukunft haben soll, dann muss das System korrigiert werden: Effizienz ist zu wenig. Die Überlebensstrategie muss lauten: **Effizient das Richtige tun**. Es geht um **Effektivität (E)** – um wirksam das Ziel zu erreichen: Wohlstand für alle Menschen dieser Erde.
Die Effektivität des Systems ergibt sich also aus der Effizienz und der „Richtigkeit". Richtig ist, wenn sich der materielle Wohlstand auf sozial verträgliche Arbeitsmethoden und auf erneuerbare Ressourcen begründet und wenn Wohlstand stiftende Produkte und Dienstleitungen erzeugt werden und keine unerwünschten Nebenwirkungen auftreten.

Wenn die Erde nicht auf Kosten der Zukunft ausgebeutet wird und mit Lebewesen und Natur respektvoll umgegangen wird. Wenn es Wohlstand mit Verantwortung gibt.

Der Einsatz von Ressourcen ist umso effektiver, je höher der Anteil an „nachwachsenden" Rohstoffen, an erneuerbarem Energieeinsatz und je weniger Bodenfläche und Kapital benötigt wird. Je weniger auf Kosten der Zukunft verbraucht wird; dass in einem bestimmten Zeitraum nur so viel verbraucht wird, als wieder regeneriert (sich erholt, erneuert, nachwächst, sich neu bildet).

Wenn der Lebensstandard Zukunft haben soll, dann gilt: Fair gegenüber allen Lebewesen sein, verantwortungsvoll handeln und effizient das Richtige tun.

Letztendlich geht es für jeden einzelnen Menschen um ein gelingendes Leben – und dazu gehört mehr als Vermögen, mehr als materieller Wohlstand: Es geht um **Lebensqualität** bzw. **Lebenszufriedenheit**.
Dafür ist ein Mindestmaß an materiellem Wohlstand eine wesentliche Voraussetzung. Beispielsweise um ein längeres Leben in Gesundheit und Zufriedenheit zu ermöglichen.
Zum gelingenden Leben braucht es auch den „immateriellen Wohlstand". Die (individuelle) Lebenszufriedenheit ergibt sich aus dem Zusammenwirken von materiellem und immateriellem Wohlstand. Faktoren mit positiver Wirkung auf den immateriellen Wohlstand sind: Gesundheit, Familie, Beziehungen, Freundschaften, Bildungsmöglichkeiten, berufliche Entwicklung, sinnvolle Arbeit, Gestaltungsmöglichkeiten, Erfolge, Anerkennung, gerechte Einkommensverteilung, soziale Akzeptanz, Kulturangebot, soziales und politisches Engagement, Freizeit, Frieden, Sicherheit, Freiheit, Meinungsfreiheit, Pressefreiheit; Zugang zu Natur- und Grüngebieten, technischer Fortschritt, ...

Und, um die kollektive Lebensqualität (für alle Menschen dieser Erde) zu ermöglichen, sind weitere Kriterien von Bedeutung: die Gerechtigkeit (Chancengleichheit) bei der Verteilung von Einkommen und Vermögen und beim Zugang zu Ressourcen. Und auch bei der Verteilung von Aufgaben/Arbeit. Die gerechte Verteilung von materiellem Wohlstand ist auch ein wesentliches Element für den Frieden auf der Welt.

Die individuelle Lebensqualität soll sich nicht auf Kosten anderer Menschen gründen. Wichtig für die kollektive Lebensqualität (die Lebensbedingungen in einer Gesellschaft) ist die Balance von Werten. Übertreibungen von Werten können zur Reduktion der Lebensqualität anderer Menschen führen und bedeuten somit eine Entwertung dieses Wertes für die kollektive Lebensqualität. Beispielsweise braucht der Wert „Freiheit" den „Bruderwert Achtsamkeit". Oder „Eigenverantwortung" die „Solidarität" und „Wohlstand" den „Anstand".

Eine Wertefamilie mit Zukunft: **einfach, wirksam, achtsam**

Solidarität und Fairness

Es sollte außer Streit stehen, dass das Ziel des Menschen ein lebenswertes und gelingendes Leben ist und dass dies für alle Menschen gilt - und, dass die Realität davon erschreckend weit entfernt ist: Wegwerfgesellschaften, in denen sich Menschen im Überfluss langweilen, während gleichzeitig in anderen Gesellschaften Hunderte Millionen Menschen dahinsiechen und Millionen aus Mangel am Wichtigsten elendig zugrunde gehen.

Die Überlebensformel: Effizient das Richtige tun

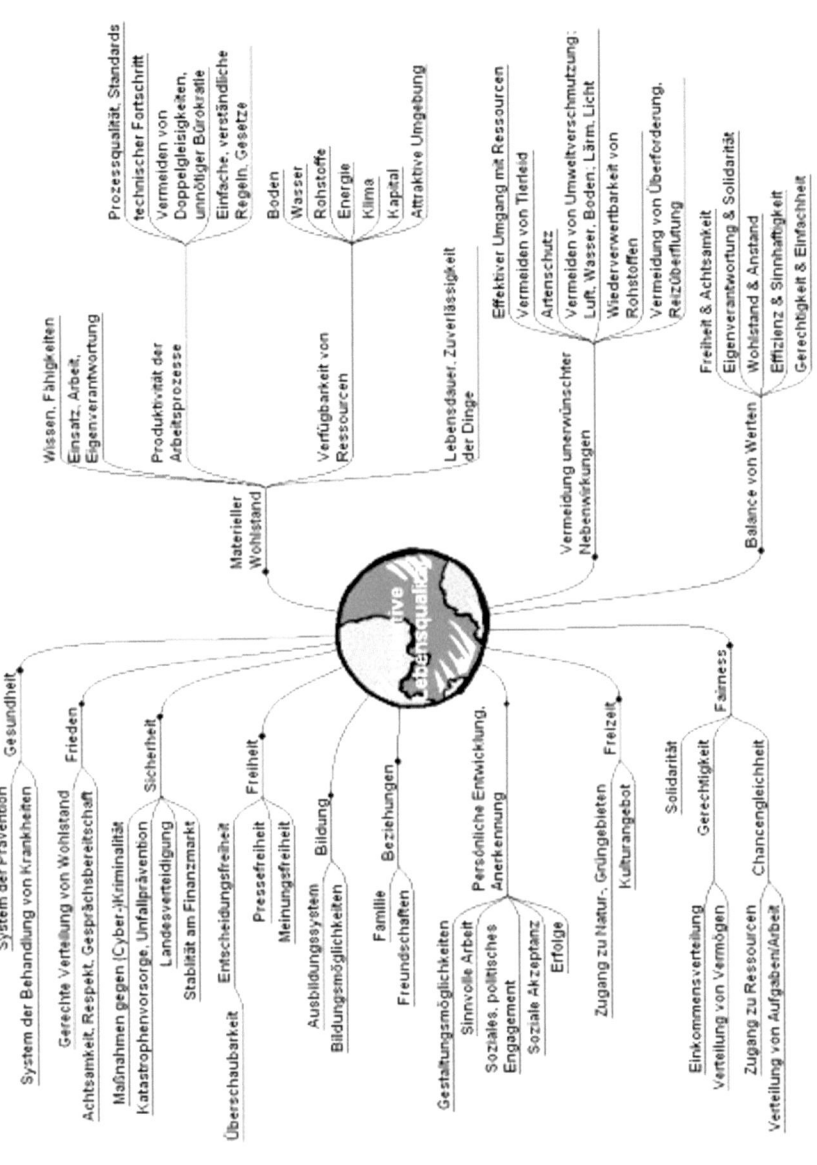

www.h-eureka.com

Wohlstandsindikatoren, mit dem Versuch den immateriellen Wohlstand abzubilden:

Der **„Human Development Index"** (HDI, Index der menschlichen Entwicklung) berücksichtigt neben dem BIP pro Kopf, ausgedrückt in Kaufkraftparität, auch die Lebenserwartung und der Bildungsgrad.

Der **„Index of Sustainable Economic Welfare"** (ISEW) berücksichtigt über das BIP hinaus Faktoren wie Einkommensverteilung, unbezahlte Hausarbeit, öffentliche Ausgaben für das Gesundheitswesen, Bildung, Umweltverschmutzung, Ressourcenverbrauch und Kosten des Klimawandels.

Der **„Genuine Progress Indicator"** (GPI) ist eine Weiterentwicklung des ISEW.

Der **„Engel-Koeffizient"** misst den Anteil des Einkommens, der für die Ernährung ausgegeben wird. Ein niedriger Engel-Koeffizient (geringer Anteil der Lebensmittelausgaben) weist demnach auf hohen Wohlstand hin. Dieser Wohlstandsindikator berücksichtigt das lokale Preisniveau.

Der **„Gini-Koeffizient"** oder auch Gini-Index ist ein statistisches Maß zur Darstellung von Ungleichverteilungen. Häufige Anwendungsfälle sind die Einkommens- und Vermögensverteilung innerhalb einer Volkswirtschaft.

Der **„Genuine Progress Indicator"** verbindet das BIP-Wachstum mit Umweltfaktoren und sozialen Ungleichheiten. Er ist für zahlreiche Industrieländer in den vergangenen Jahrzehnten negativ.

Der **„Happy Planet Index"** (HPI), ein Maß für die ökologische Effizienz der Erzeugung von Zufriedenheit unter Einbeziehung von Lebenszufriedenheit, Lebenserwartung und ökologischem Fußabdruck.

Die „Enquete-Kommission Wachstum, Wohlstand, Lebensqualität – Wege zum nachhaltigen Wirtschaften und gesellschaftlichen Fortschritt in der Sozialen Marktwirtschaft des 17. Deutschen Bundestages", hat sich am 17. Januar 2011 konstituiert. Die Kommission schlägt einen aus zehn Variablen bestehenden Indikatorensatz vor, der neben „Materiellem Wohlstand" auch die Dimensionen „Soziales/Teilhabe" und „Ökologie" berücksichtigt.

Fakten und Trends zur Überlebensformel

Arbeit, Einkommen, Vermögen

Der Begriff **Arbeit** im volkswirtschaftlichen Sinne umfasst alle menschlichen Tätigkeiten, die unmittelbar der Einkommenserzielung dienen, unabhängig ob es sich bei diesem Produktionsfaktor um eine manuelle oder geistige Beschäftigung handelt. Arbeit kann aber auch als jede menschliche Tätigkeit definiert werden, die auf die Befriedigung der Bedürfnisse anderer Personen gerichtet ist. In diesem Sinne erfasst die volkswirtschaftliche Definition beispielsweise nicht die von Hausfrauen kostenlos erbrachte Arbeit sowie gemeinnützige oder ehrenamtliche Tätigkeiten, sondern reduziert den Begriff Arbeit auf Erwerbsarbeit. Arbeit stellt neben Boden, Kapital und Wissen einen der zentralen Produktionsfaktoren dar.

Der **Wohlstand** muss – manchmal sehr hart – erarbeitet werden. Entscheidend für den einzelnen Menschen aber ist, dass Arbeit nicht nur Mühe und Plage bedeutet, sondern auch Grundlage für Selbstwertgefühl und Selbstvertrauen ist. Anforderungen gut gemeistert zu haben, Erfolge zu haben, Wertschätzung und Anerkennung zu bekommen, das sind wesentliche Einflussgrößen für das Selbstwertgefühl.
Selbstvertrauen gegenüber Anforderungen entwickelt sich, wenn Situationen gut gemeistert werden können.

Darum ist es wichtig, dass die unterschiedlichen Fähigkeiten der Menschen zu den Anforderungen an bestimmte Tätigkeiten passen.

Übertriebenes Selbstwertgefühl kann sich zu Überheblichkeit entwickeln. Darum ist auch für das Selbstwertgefühl die Balance mit einem Bruderwert – z. B. der Demut – wichtig.

Arbeitszeiten

Arbeiten ist heutzutage sicherer, menschengerechter und verschlingt weniger Zeit als noch vor Jahrzehnten. Bis Mitte der 50er Jahre war in vielen Ländern die Sechs-Tage-Woche die Regel. Auch danach noch quälten in vielen Fabriken Hitze, Lärm und monotone Handgriffe die Arbeiter. Körperliche Schwerarbeit war verbreitet, Unfälle waren häufig. Bestimmungen zum Arbeitsschutz und zur Ergonomie, bedürfnisgerecht optimierte Prozesse und Maschinen haben den Arbeitsplatz (in der Regel) zu einem angenehmeren Ort werden lassen.
Gleichzeitig haben sich Arbeitsstunden und Arbeitsvolumen seit 1970 fast jedes Jahr verringert. Beispielsweise leistete damals noch jeder Erwerbstätige in Westdeutschland durchschnittlich 1966 Arbeitsstunden. 1991 waren es nur noch 1559 Stunden und im Jahr 2007 lag der Wert bei 1433 Stunden. Im Zeitraum zwischen 1991 und 2007 stieg die Produktivität pro Arbeitsstunde um etwa ein Drittel.
Trotz geringerer und menschengerechter Arbeit brechen immer mehr Beschäftigte unter der Last des Alltags zusammen. In einer Welt der scheinbar unbegrenzten Möglichkeiten stoßen sie an ihre eigenen Grenzen – auch im Privatleben: Männer und Frauen, die eines Morgens nicht mehr aufstehen können, in der Sitzung zusammenbrechen, nächtelang wach liegen, verzweifeln an Herzrasen, Schweißausbrüchen, Übelkeit, Angstzuständen. Neben dem „Job" spielt dabei das Privatleben eine Rolle.

Laut Studien vom „Wissenschaftliches Institut (WidO) der Allgemeinen Ortskrankenkasse (AOK) in Deutschland" ist die Ursache jedes zehnten Fehltages am Arbeitsplatz akute Erschöpfung und Depression. Im Vergleich zu 1999 ist dies ein Anstieg um 80 Prozent.
100.000 der 34 Millionen gesetzlich krankenversicherten Beschäftigten waren mehr als 1,8 Millionen Fehltage wegen der Diagnose „Burn-out" krankgeschrieben.

Effizienz bei der Arbeit

Der Faktor Arbeit (Humankapital) umfasst die unterschiedlichen Formen körperlicher und geistiger Arbeit, die zugehörige Aus- und Weiterbildung, sowie alle unternehmerischen und gesellschaftlichen Aufwendungen zum Erhalt der Arbeitskraft der Erwerbsbevölkerung.

Dabei geht es vorrangig um Wirtschaftlichkeit von Produktionsprozessen oder Produktivität – um das Vermeiden der „versteckten Organisation". Dahinter verbergen sich enttäuschte Kundenerwartungen, Doppelgleisigkeiten, Produkte bzw. Dienstleistungen mit geringem oder falschen Kundennutzen, komplizierte Lösungen, nicht ausreichend qualifizierte Mitarbeiter, unflexible bzw. nicht motivierte Mitarbeiter, fehlende Verbesserungsvorschläge der Mitarbeiter, das Ignorieren möglicher Verbesserungen, unflexible Lieferanten, keine oder unklare Arbeitsvorgaben, unklare Arbeitsabläufe, Terminverzögerungen, lange Transportwege, lange Wiederbeschaffungszeiten, unpünktliche Lieferungen, ungenaue Informationen, unnötig viele Teile/Materialien/Lieferanten, hohe bzw. falsche Vorräte, Verwechslungen, ungeplante Änderungen, Ausschuss, Reparaturen, Nacharbeiten, Wartezeiten, fehlende Instandhaltungsmaßnahmen, Aussortierungen, Lager- und Transportschäden, u. a. m.
Durch „gewusst wie" und optimierte Arbeitsabläufe soll Arbeitszeit eingespart werden.

Ursachen menschlicher Fehlleistungen

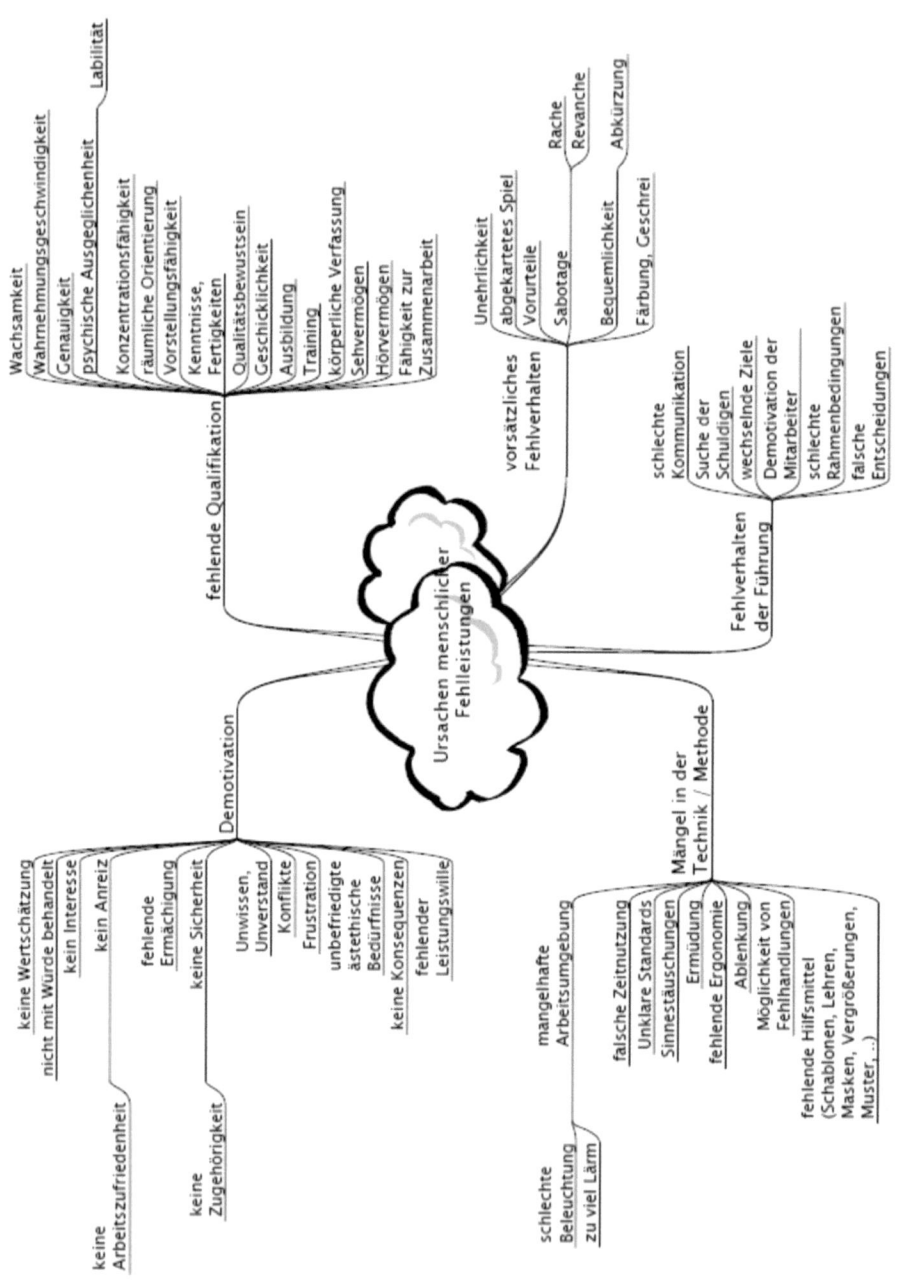

Arbeitslosigkeit

Laut Bericht der „Internationale Arbeitsorganisation" (ILO) über die Welt der Arbeit (World of Work Report 2013 – „Repairing the economic and social fabric"), soll die Zahl der Arbeitslosen global von derzeit 200 Millionen auf 208 Millionen im Jahr 2015 steigen.

In Europa sind 45 Millionen Menschen arbeitslos. Besorgniserregend ist vor allem die hohe Jugendarbeitslosigkeit in den südeuropäischen Krisenländern. Junge Menschen sind drei mal stärker von Arbeitslosigkeit betroffen als Erwachsene. Die Jugendarbeitslosigkeit hat 2012 weltweit ein Niveau von 12,6 Prozent erreicht – in den Industrieländern 18 Prozent. 73 Millionen junge Menschen sind arbeitslos – 3,5 Millionen mehr als vor der Krise im Jahr 2007.

Die weltweit höchsten Quoten an Jugendarbeitslosigkeit wiesen 2012 die Entwicklungsländer auf. Im Nahen Osten erreichte sie 28,3 Prozent und in Nordafrika 23,6 Prozent. Am wenigsten von Arbeitslosigkeit betroffen sind Jugendliche in Ostasien (9,5 Prozent) und Südasien (9,3 Prozent).

Prekär ist die Situation in Griechenland und Spanien: in diesen krisengeschüttelten Ländern ist mehr als die Hälfte der jungen Bevölkerung arbeitslos.
Nimmt man jene Jugendlichen hinzu, welche die Suche nach einer Arbeit entmutigt aufgegeben haben (ungefähr 3 Prozent), beträgt die Arbeitslosenquote in den Industrienationen 21 Prozent.
Nach aktuellen Prognosen wird die Quote in den entwickelten Volkswirtschaften und der Europäischen Union nicht vor 2016 unter die Marke von 17 Prozent fallen.
Die ökonomischen und sozialen Kosten der Arbeitslosigkeit, die Langzeitarbeitslosigkeit und die Zahl der qualitativ schlechten Arbeitsplätze für junge Menschen im Alter von die 15 bis 24 Jahren hat stetig zugenommen.

Weltweit müssen nach den ILO-Berechnungen in den kommenden zehn Jahren 600 Millionen neue Arbeitsplätze entstehen, um die vorhandene Arbeitslosigkeit abzubauen und die etwa 400 Millionen Neuzugänge in den Arbeitsmarkt aufzunehmen. Die ILO empfiehlt dazu unter anderem eine "strikte Regulierung der Finanzmärkte". Diese könne nicht nur zur wirtschaftlichen Stabilisierung einen wichtigen Beitrag leisten, sondern auch direkt zum Beschäftigungswachstum, indem kleine und mittlere Unternehmen besseren Zugang zu Krediten bekämen und durch eine "gleichmäßigere Einkommensverteilung" die Nachfrage positiv beeinflusst würde. Ein weiteres Phänomen in Europa ist die Verschiebung hin zu zeitlich begrenzten Arbeitsverhältnissen und zur Teilzeitarbeit.

Blick in die Zukunft

Bei der Arbeit wird die Individualisierung, Komplexität und der Freiheitsgrad zunehmen. Gewohnte Strukturen werden sich auflösen. Was früher und als gegensätzlich wahrgenommen wurde, wird stärker fusionieren: "Arbeit und Freizeit", "Leistung und Entspannung", "Arbeitslosigkeit und Schaffenspause" oder "Arbeitsplatz und Mobilität".

Eine zunehmende Projektorientierung wird auch die Führungsaufgaben verändern. In unterschiedlichen Projekten werden unterschiedliche Rollen eingenommen. Einmal als Projektleiter, einmal als Mitarbeiter.
Das wird auch die Arbeitsplätze, den physischen Raum verändern und mehr Bedeutung beimessen. Weg von starren Abteilungsgrenzen, mehr Flexibilität und Aufgabenbezogenheit.

Lebensarbeitszeit

Die Länge der Lebensarbeitszeit eines einzelnen Menschen wirkt sich auf die Höhe seines Lebenseinkommens und seiner Alterseinkünfte aus. Volkswirtschaftlich von Bedeutung ist die Relation zwischen der durchschnittlichen Netto-Lebensarbeitszeit und der durchschnittlichen Lebenserwartung in einem Land.
Je geringer der Anteil der „Normalarbeitskräfte" (d. h. der Vollzeiterwerbstätigen) an der Gesamtmenge aller Erwerbstätigen in einem Land ist, um so bedeutsamer ist die Länge der Jahresarbeitszeit für die Finanzierung von Transferleistungen. Ebenfalls von Bedeutung ist die Entwicklung der Arbeitsproduktivität.

In den meisten Industrienationen ist der einstige Trend zu kürzerer Lebensarbeitszeit in den vergangenen Jahren umgekehrt worden. Wie der aktuelle Rentenbericht der „Organisation für wirtschaftliche Zusammenarbeit und Entwicklung" (OECD) zeigt, haben 18 der 34 Mitgliedsländer das Renteneintrittsalter für Frauen angehoben. In 14 Ländern steigt auch die Altersgrenze für Männer.
Nach Einschätzung der Experten reichen diese Maßnahmen allerdings nicht aus, um die nationalen Rentenversicherungssysteme zukunftsfest zu machen. Die Erwerbschancen der Älteren müssen in vielen Ländern noch verbessert werden.

Die Überalterung trifft alle Industrieländer. In allen OECD-Ländern werden in den kommenden Jahren die geburtenstarken Jahrgänge der Nachkriegszeit in den Ruhestand gehen. Allerdings sind die Auswirkungen nicht überall gleich groß, denn Zuwanderung und Geburtenrate unterscheiden sich zum Teil erheblich.
Bislang ist Deutschland das einzige Land, in dem die Bevölkerung zu schrumpfen begonnen hat. Auch die Kinderzahl ist seit Jahrzehnten besonders niedrig.

Eine längere Lebensarbeitszeit soll den Druck abfedern, der durch die demografische Entwicklung auf den Rentensystemen lastet. Mit der Anhebung der gesetzlichen Altersgrenze von 65 auf 67 Jahre ist Deutschland einer der Vorreiter. Die US-Amerikaner, die ebenfalls die Rente mit 67 beschlossen haben, müssen schon heute bis 66 arbeiten. Die Briten lassen sich mit der Umstellung etwas länger Zeit und wollen ab 2050 mit 68 Jahren „berenten". In Norwegen und Island gilt schon seit Jahrzehnten die Rente mit 67.

Derzeit liegt das gesetzliche Rentenalter im Durchschnitt aller OECD-Länder bei 63 Jahren für Männer und 62 Jahren für Frauen. In Deutschland gilt generell eine Altersgrenze von 65 Jahren.

Tatsächlich gehen die meisten Deutschen allerdings deutlich früher in den Ruhestand: die Frauen durchschnittlich mit 60,5 und die Männer mit 61,8 Jahren. Italiener, Franzosen und Österreicher wechseln noch früher in den Ruhestand. Schweizer, US-Amerikaner und Briten arbeiten erheblich länger als die Deutschen. Die Japaner hören im Durchschnitt mit über 70 Jahren auf zu arbeiten, ebenso die Mexikaner und Koreaner.

Eine Beschäftigung der über 65-Jährigen ist in Europa nach wie vor selten. Von den Menschen im Alter zwischen 65 und 69 Jahren arbeitet in Europa nicht einmal jeder Zehnte. In Island, Korea und Mexiko sind es mehr als die Hälfte.

In Griechenland wird die volle Rente nach 35 Beitragsjahren gewährt und entsprechend frühzeitig verabschieden sich viele Griechen aus dem Arbeitsleben. In Deutschland dagegen gibt es für Vorruheständler kräftige Rentenabschläge.

Lebensalter und demografische Entwicklung

Der soziale und wirtschaftliche Status der Menschen (Familien) – und in diesem Zusammenhang das Bildungsniveau – haben großen Einfluss auf die Lebenserwartung. Und die Bildung wird in der Regel an die nächste Generation „weitergegeben", denn das familiäre Umfeld hat einen großen Einfluss auf die geistige Entwicklung der Kinder und somit auf deren Bildungsniveau.

Beispielsweise beträgt die Lebenserwartung der Frauen in Zimbabwe 42 Jahre und in Japan 86. Laut einem Bericht des *Marmot Instituts für Gleichberechtigung* in London, liegt der Unterschied zwischen den wohlhabendsten und den sozial schwächsten Stadtteilen Londons bei 17 Jahren.

Beim Lebensalter geht es vorrangig um die **Zeit in Gesundheit**. Laut *Eurostat* liegt in der EU Schweden und Norwegen bei den gesunden Lebensjahren mit 70 Jahren an der Spitze. Es folgt die Schweiz mit 65 Jahren. Österreich mit 60 und Deutschland mit 58 Jahren liegen im unteren Mittelfeld. Die Slowakei belegt mit 52 Jahren den letzten Platz.
 Beeinflusst werden diese Zahlen vom sozialen und wirtschaftlichen Status. Sozial schwache Gruppen leben 20 Jahre mit gesundheitlichen Beeinträchtigungen, die bestgestellte Bevölkerungsschicht 12 Jahre.

Zwei grundlegende Trends bestimmen die globale Bevölkerungsentwicklung: Einerseits die sehr niedrigen Geburtenzahlen und das zunehmende Lebensalter in fast allen Industriestaaten und die sich daraus ergebende dramatische Alterung und Schrumpfung der Bevölkerung. Im Gegensatz dazu müssen viele Entwicklungsländer mit tendenziell abnehmenden, aber immer noch hohen Geburtenzahlen zurecht kommen. Die "demografische Teilung" der Welt in Gebiete mit hohem und solche mit niedrigem Bevölkerungswachstum wird sich in den nächsten Jahrzehnten verfestigen.

Die unterschiedliche Bevölkerungsentwicklung wird zu neuen Konflikten führen, und zwar sowohl in den Regionen mit starkem Bevölkerungswachstum als auch zwischen den Gebieten mit und ohne Wachstum.
So werden viele Staaten mit großem Wachstum – bei denen es sich in der Regel um die ärmeren Länder handelt – zunehmende Schwierigkeiten haben, ihre Bevölkerung zu versorgen, materielle und technische Infrastruktur zur Verfügung zu stellen und genügend Arbeitsplätze zu schaffen. In diesen Staaten drohen Ressourcen- und Verteilungskonflikte, und im Falle einer dramatischen Verschlechterung der wirtschaftlichen und politischen Lage sind auch größere innerstaatliche und grenzüberschreitende Wanderungen zu erwarten.

Zuwanderung und Auswanderung

Modellberechnungen des UN-Bevölkerungsfonds zeigen, dass die demografische Schrumpfung und Alterung der Bevölkerung durch Zuwanderung nicht verhindert werden kann, wenn diese im politisch verträglichen Rahmen bleiben soll. Eine gezielte Einwanderungspolitik, die junge und gut qualifizierte Menschen in das betreffende Land kommen lässt, kann aber ein Beitrag sein, die Folgen des demografischen Wandels abzumildern.
Die Bevölkerung im erwerbsfähigen Alter in den Entwicklungsländern wird mittelfristig um 50 Millionen Menschen pro Jahr zunehmen – und zwar am stärksten dort, wo sich die Wirtschaft nur langsam entwickelt. Afrika wird das größte relative Bevölkerungswachstum haben. Die größte absolute Zunahme wird jedoch in Asien stattfinden, von derzeit 4 Milliarden auf 5,4 Milliarden Menschen. Es ist fraglich, ob die zusätzlich benötigten Arbeitsplätze geschaffen werden können. Die jüngeren Generationen werden mit dem Wissen um diese mangelhaften Arbeitsmarktchancen aufwachsen und die befristete oder dauerhafte Auswanderung wird für viele eine Option darstellen.

Einkommen

Private Einnahmen sind ein Maß für die materielle Wohlfahrt eines Privathaushalts. Dieses Einkommen (Geld) kann für Konsum und zum Sparen eingesetzt werden.

2005 hatten 48,3 % der Weltbevölkerung (3,14 Mrd. Menschen) ein Einkommen von weniger als 2,5 USD/Tag und 21,5 % der Weltbevölkerung (1,4 Mrd. Menschen) ein Einkommen von weniger als 1,25 US$/Tag. 2003 hungerten 17 % der Menschen in den Entwicklungsländern.

Aufgrund der stark gestiegene Weltbevölkerung sind die Prozentsätze in den vergangenen 25 Jahren gesunken. Die absoluten Zahlen sind jedoch weiter gestiegen. Verbesserungen wurden vorwiegend in China erreicht.

Fakt ist: Der Anteil der Einkommensarmen weltweit (mit weniger als 3.470 USD/Jahr) beträgt 78 %. Der Anteil der Einkommensreichen weltweit (mit mehr als 8.000 USD/Jahr) beträgt 11 %.

Sehr oft wird die Einkommensverteilung mit dem Gini-Koeffizienten beschrieben. Dabei entspricht der Wert 0 die absolute Gleichverteilung (alle Personen besitzen gleichviel) und 1 die absolute Ungleichverteilung (eine Person besitzt alles, alle anderen nichts).
Von den 26 OECD-Ländern hatte Dänemark die geringste Ungleichverteilung (Gini-Koeffizient 0,22). Schweden folgte mit 0,24. Deutschland lag etwas unterhalb der Mitte mit 0,27. Die USA lagen oberhalb der Mitte mit 0,35. Die Spitzenplätze hatten die Türkei mit 0,44 und Mexiko mit 0,48.

Vermögen

Vermögen bestehen aus Finanzvermögen (Bargeld, Bankguthaben, Wertpapiere) und realem Vermögen, (Immobilien, Autos, Schmuck, Kunstgegenstände, ...). Vermögenswerte können im Inland wie im Ausland (Auslandsvermögen) bestehen. Das Nettogeldvermögen = Bruttogeldvermögen minus Schulden.

Es ist mehr als fraglich, ob in einer Gesellschaft, in der die reichsten 1% der Gesellschaft ein Drittel des Vermögens, die reichsten 10% zwei Drittel und die ärmsten 50% nichts besitzen, von Fairness und Gerechtigkeit gesprochen werden kann. Es kann auch nicht gerecht sein, dass Managergehälter und Boni das Hundertfache und mehr von einfachen Löhnen betragen.

Im letzten Jahrzehnt hat sich die Entwicklung verschärft, die Kluft zwischen Arm und Reich wurde immer größer. Die Ursachen liegen in einem weitestgehend ungeregelten und verrückt wuchernden Finanzmarkt und am bestehenden Abgabe- und Steuersystem.

Laut Credit Suisse Research Institute ist das addierte Vermögen aller erwachsenen Personen dieser Welt so groß wie noch nie: 2011 betrug das Gesamtvermögen der Weltbevölkerung 231 Billionen USD. Dabei haben alle Regionen außer Europa und Nordamerika Allzeit-Höchststände zu verzeichnen.
Als Vermögen gilt dabei die Summe aller liquiden und illiquiden Vermögenswerte, abzüglich der Schulden.
Blickt man auf die letzten zehn Jahre zurück, so wuchs das Volksvermögen in China am stärksten. Auch Brasilien, Kolumbien, Indien, Malaysia, Indonesien, Australien, Polen, Rumänien, Russland, Frankreich, Bulgarien, Spanien und die Türkei verzeichneten in den letzten zehn Jahren jährliche Zuwachsraten von über 10%.

Allerdings ging die Wachstumsrate 2010/2011 für die meisten europäischen Ländern markant zurück. Dafür verzeichneten Indien, Lateinamerika und Afrika die höchsten Vermögenszuwachsraten im letzten Jahr.

Bei der Vermögensverteilung (durchschnittliches Pro-Kopf-Vermögen) gibt es große regionale Unterschiede. Die Schweiz führt die Rangliste der reichsten Länder mit einem Wert von 500.000 USD an – wobei der im Vergleich zum USD erstarkte Schweizer Franken einen erheblichen Einfluss hat. Weitere Länder mit einem Pro-Kopf-Vermögen von über 100.000 USD finden sich in Westeuropa, Nordamerika, Südostasien und dem Mittleren Osten. Durchschnittlich weniger als 5.000 USD Vermögen besitzen die Erwachsenen in vielen afrikanischen, einzelnen süd-amerikanischen und asiatischen und sogar in drei europäischen Ländern – Moldawien, Weißrussland und Ukraine.
Nimmt man den Medianwert als Anhaltspunkt, führen Länder mit einer gleichmäßigeren Vermögensverteilung die Liste an: Australien mit 222.000 USD führt vor Italien, Belgien, Japan, Großbritannien, Singapur (100.000 USD) und der Schweiz (100.000 USD).

Die reichsten 1 % der Weltbevölkerung besitzen etwa 40 %, die reichsten 2 % der Weltbevölkerung mehr als 51 % und auf die reichsten 10 % entfallen etwa 85 % des weltweiten Vermögens. Auf die unteren 50 % der Weltbevölkerung entfällt weniger als 1 %.
Die weltweit 1210 US-Dollar-Milliardäre besitzen ein Vermögen von ca. 4,5 Billionen USD. Damit besitzen sie etwa vier Mal so viel, wie die untere Hälfte der Weltbevölkerung (etwa 3,5 Milliarden Menschen) zusammengenommen.
Nach Ansicht einiger Ökonomen ist die Ungleichverteilung der Ver-mögen auf nationaler wie weltweiter Ebene aber deutlich höher als die meisten Untersuchungen angeben, weil ein großer Teil der Vermögen nicht berücksichtigt wird.

Schätzungen aus dem Jahr 2007, welche auch das versteckte Vermögen (z. B. in Offshore-Finanzplätzen) mit einbeziehen, ergeben eine deutlich stärkere Konzentration der Vermögen: Demnach sollen die reichsten 70.000 Personen (etwa 0,001 Prozent der Weltbevölkerung) etwa 30 % des Gesamtvermögens besitzen. Weitere 700.000 Personen besitzen 19 % und die dritte Gruppe der Superreichen 32 %.
Demnach besitzen ca. 8 Millionen Menschen, etwa 0,1 % der Weltbevölkerung – was etwa der Bevölkerungszahl Österreichs entspricht – über 80 % des weltweiten Gesamtvermögens. 99,9 % der Menschen (ungefähr 7 Milliarden) teilen sich die restlichen 19 %.

Die Entwicklung und Verteilung des globalen Nettogeldvermögens – laut „Allianz Global Wealth Report 2012": Das globale Nettogeldvermögen (Brutto-Geldvermögen abzüglich der Verbindlichkeiten) erreichte 71,5 Billionen Euro.
Die Schulden der privaten Haushalte erzielten einen neuen Rekordwert und betrugen 31,8 Billionen Euro (etwa 67% des Welt-BIP).
Das Wachstum des Nettogeldvermögens betrug in den letzten Jahren durchschnittlich mit 3,4% pro Jahr deutlich weniger als das Wachstum des Bruttogeldvermögens – eine Folge des starken Schuldenwachstums.
Regional gibt es starke Unterschiede in der Verteilung des Nettogeldvermögens (pro Kopf in Euro): Nordamerika 87.400, Westeuropa 41.240, Osteuropa 2.430, Asien (Durchschnitt aus dem reichen und armen Asien) 6.615 und Ozeanien 31.960.

Eine Studie der Universität Linz aus 2013 über die Verteilung von Vermögen in Österreich kommt zu dem Schluss, dass vermögende Haushalte in Österreich viel mehr besitzen als bisher angenommen und dass das Vermögen ungleicher verteilt ist. Die Studie stützt sich auf komplexe Wahrscheinlichkeitsrechnungen auf Basis von Daten der Österreichischen Nationalbank (OeNB) und kam zu folgendem Ergebnis: Das gesamte Nettovermögen Privater (abzüglich allfälliger Schulden) wird auf rund 1,25 Billionen Euro geschätzt.

Über zwei Drittel davon, nämlich 863 Milliarden bzw. 69 Prozent, entfallen auf zehn Prozent der Bevölkerung. Das reichste Prozent (etwa 37.000 Haushalte) besitzt 469 Milliarden Euro. Umgekehrt verfügten die "ärmsten" 50 Prozent, also die Hälfte aller Haushalte, über nur 2,2 Prozent des Vermögens.
Die bisher von der (OeNB) bzw. infolge von der Europäischen Zentralbank (EZB) veröffentlichten Zahlen basierten auf Befragungen. Das Problem dabei: Viele der Reichen lassen sich nicht befragen bzw. geben nicht alle Vermögen preis.

Auch in Deutschland ist das Vermögen sehr ungleich verteilt. 10 % der Bevölkerung besaßen im Jahr 2007 über 60 % des Vermögens, die reichsten 5 % der Bevölkerung 46 %, das reichste Prozent bereits 23 %. In Deutschland nimmt die Ungleichverteilung seit Mitte der 1990er Jahre zudem stark zu.
In der Schweiz beträgt das Vermögen der Bevölkerung rund 3,3 Billionen USD. Dabei legen Schweizer Haushalte ihr Geld zum hohen Prozentsatz von 59% in Form von Cash oder Finanzprodukten an, was unter anderem durch die dominante Präsenz der Schweizer Finanzwirtschaft zu erklären sein könnte. Im letzten Jahrzehnt ist die Vermögensverteilung in der Schweiz – im Unterschied zu den meisten anderen Industrieländern – kaum gleichmäßiger geworden. Es gibt 622.000 Schweizer Dollar-Millionäre und rund 3.820 Superreiche mit einem Vermögen über 50 Millionen USD. Die durchschnittlichen Schulden pro Schweizer gehören mit 131.000 USD zu den höchsten weltweit (was auch auf den starken Franken zurückzuführen ist).

Ressourcen

Der beängstigende Raubbau des Menschen an der Erde beschleunigt sich. Der ökologische Zustand hat sich weltweit in den letzten Jahren weiter verschlechtert, belegt der "Living Planet Report" der Naturschutzorganisation WWF. Der WWF-Report gilt als eine der bedeutendsten Studien über den allgemeinen Zustand der Erde. Der „ökologische Fußabdruck" der Menschheit wird jedes Jahr vom „Global Footprint Network" berechnet. Dabei wird der Bedarf an Acker- und Weideland, Wäldern und Fisch wie auch den Platzbedarf für Infrastruktur dem Vermögen der Ökosysteme – Ressourcen aufzubauen und Müll aufzunehmen – gegenübergestellt.
Ergebnis: Weltweit wird derzeit um etwa 40 Prozent mehr verbraucht, als es die natürliche Kapazität der Erde zulässt. Die Erde wird mit mehr Müll belastet, als sie abbauen kann. Dazu gehört auch das Übermaß an Treibhausgasen. Das Treibhausgas Kohlendioxid hat den größten Anteil an der ökologischen Überschuldung. Global betrachtet machen die CO_2-Emissionen mehr als die Hälfte des „Fußabdruckes" aus.

Die Menschheit verbraucht die weltweiten Ressourcen schneller, als sie erneuert werden können. Deutschland liegt mit dem Rang 30 im internationalen "Fußabdruck" - Ranking hinter Großbritannien, Frankreich und Österreich, aber deutlich über dem globalen Mittelwert. Deutschland gehört somit zu den 50 "ökologischen Schuldnern" auf der Welt. Den größten "Fußabdruck" haben die USA und China.

Die Menschen leben ökologisch völlig über ihre Verhältnisse und vernichten so ihre eigenen Lebensgrundlagen. Dieser Umgang mit der Natur führt zum Kollaps. Es drohen schlimme ökonomische Konsequenzen, weil Naturkatastrophen und die Preise für Nahrungsmittel und Rohstoffe explodieren. Die Entwaldung, der Klimawandel sowie Umweltverschmutzung und Überfischung bedrohen immer mehr Arten und verknappen die Wasserreserven.

Energieverbrauch

Die Reichweite der nicht erneuerbaren Energierohstoffe ist naturgemäß begrenzt. Kohle ist der Energieträger mit den weltweit größten Vorkommen, die noch für viele Jahrhunderte die Versorgung sicherstellen können. Erdöl kann voraussichtlich nur noch über wenige Jahrzehnte den weiterhin steigenden weltweiten Bedarf vollständig decken. Erdgas wird noch viele Jahrzehnte als Energierohstoff zur Verfügung stehen.

Die potentielle Nutzungsdauer von Rohstoffen wird bestimmt durch die Größe des jeweiligen Ressourcenpotentials sowie die Intensität und Produktivität der Nutzung. Wichtig ist dabei insbesondere die Unterscheidung der Begriffe "Reserven" und "Ressourcen": Reserven umfassen die sicher nachgewiesenen und mit bekannter Technologie wirtschaftlich gewinnbaren Vorkommen in der Erdkruste. Ressourcen sind Vorkommen, die noch nicht wirtschaftlich zu fördern sind oder die noch nicht sicher ausgewiesen sind, aber aufgrund geologischer Indikatoren erwartet werden. Preissteigerungen an den Weltrohstoffmärkten und neue Explorationsergebnisse können Ressourcen in Reserven überführen.

Der **Weltenergiebedarf** ist die Menge an Primärenergie, die weltweit im Jahr benötigt wird. Im Jahr 2010 lag sie bei 505 Exajoule je Jahr (1 EJ = 10^{18} Joule) oder etwa 140 Petawattstunden je Jahr (1 PWh = 10^{15} Wh). Der Weltbedarf an elektrischer Energie macht rund 17 % davon aus. Von 1990 bis 2008 stieg der Energiebedarf pro Kopf um 10 %, während die Weltbevölkerung um 27 % wuchs. Der Weltenergiebedarf stieg um 39 %. Die höchsten Zuwächse gab es im Mittleren Osten mit 170 %, in China mit 146 % und in Indien mit 91 %. Die USA, die EU-27-Staaten und China hatten einen Anteil von 50 % am Weltenergiebedarf, bei einem Bevölkerungsanteil von 32 % (2008). Der Verbrauchszuwachs zwischen 1990 und 2008 betrug 40,1 Mrd. kWh. Davon entfielen auf China 14,7 - auf den Mittleren Osten 4,4 und auf die USA 4,4 Mrd. kWh.

Im Jahr 2008 betrug der Energiebedarf von China und Indien, bei 37 % Anteil an der Weltbevölkerung, 22,5 % vom Weltenergiebedarf. 1990 waren es noch 13,5 % bei einem fast gleichen Bevölkerungsanteil.
Der Energiegebrauch pro Kopf in Indien (6.280 kWh/Kopf) und China (18.608 kWh/Kopf) war unter dem Mittel der Welt (21.283 kWh/Kopf) (2008). Der durchschnittliche Energiebedarf betrug 2008 21.283 kWh/Kopf, wobei die USA (87.216 kWh/Kopf), Europa (40.821 kWh/Kopf) und der Mittlere Osten (34.774 kWh/Kopf) deutlich darüber liegen.

Energieverschwendung

2013 beträgt die CO_2-Konzentration in der Atmosphäre 400 ppm. In der Eiszeit lag der Wert bei 180 ppm, in der Warmzeit bei 280 ppm und im Jahr 1958 betrug die CO_2-Konzentration 315 ppm. Der Anstieg ist mit sehr Wahrscheinlichkeit die Folge des Verbrauchs fossiler Energieträger. Und – ein großer Teil dieses Verbrauchs ist Verschwendung.
Beispielsweise verpuffen 50 % aller in den USA verbrannten fossilen Brennstoffe als ungenutzte Wärme in die Atmosphäre. In fossilen Kraftwerken, die nur Strom erzeugen, wird nahezu 2/3 der Energie die in den Rohstoffen steckt, als Abwärme in die Atmosphäre geblasen und bleibt ungenutzt.
Würde diese Energie genutzt, übertäfe der Energiegewinn den Ertrag aus allen existierenden Sonnen-, Wind-, und Geothermalkraftwerken zusammengenommen.

Rund 14 Milliarden Euro gehen einer Studie zufolge deutschen Haushalten pro Jahr verloren, durch alltägliche Energieverschwendung. Aber es geht noch mehr: Laut einer Studie der unabhängigen britischen Organisation Energy Saving Trust (EST) verschwenden die Briten mehr Energie als Deutsche, Franzosen, Italiener und Spanier.

Die Top-10 der Energiesparsünden in Großbritannien sind: Elektrogeräte im Standby-Modus lassen; mehr Teewasser kochen, als benötigt wird; unbenutzte Ladegeräte eingestöpselt lassen; Licht in leeren Räumen brennen lassen; auch für kurze Wege das Auto nehmen; Wäsche zu heiß waschen; Motor im stehenden Auto laufen lassen; Wäschetrockner statt Wäscheleine benutzen; leeres Haus heizen; Heizung aufdrehen statt einen Pullover anzuziehen.

Nach Schätzungen der Initiative „EnergieEffizienz" sind in Deutschland 80 Prozent der etwa 300.000 feuerungstechnischen Anlagen in Industrie und Gewerbe älter als zehn Jahre und nicht mehr auf dem Stand der Technik – eine Verschwendung mit enormen Ausmaßen.

Eine gigantische Energieverschwendung ist auch das Abfackeln von Erdgas bei der Erdölförderung. Es wird geschätzt dass jährlich etwa 150 Millionen Kubikmeter Erdgas ungenutzt verbrannt werden. Der Marktwert dieser Menge an Erdgas beträgt ungefähr 40 Milliarden Dollar. Die größte Menge an Erdgas wird unkontrolliert in Russland verbrannt.

Der Weltatlas des „Sustainable Europe Research Institutes" (SERI) zeigt erstmals die Entwicklung des Rohstoffverbrauchs und der Ressourceneffizienz aller Länder weltweit in den letzten 30 Jahren. Berücksichtigt wurden dabei sowohl abiotische (leblose) Rohstoffe wie fossile Energieträger, Mineralien und Metalle wie auch biotische Rohstoffe aus Landwirtschaft, Forstwirtschaft und Fischerei.

Der weltweite Verbrauch an Rohstoffen hat sich zwischen 1980 und 2008 fast verdoppelt und liegt heute bei etwa 70 Milliarden Tonnen pro Jahr, mit stark steigender Tendenz.
Die globalisierte Weltwirtschaft ist von wachsenden Unterschieden im Pro-Kopf Verbrauch von Ressourcen geprägt: Eine starke Wachstumsdynamik in aufstrebenden Schwellenländern – wie etwa China oder

Brasilien – und ein konstant hoher Verbrauch in den Industrienationen. Insgesamt stieg der Ressourcenverbrauch weltweit sogar schneller als die Bevölkerung. Heute verbraucht ein Mensch im globalen Durchschnitt etwa 10 Tonnen Ressourcen pro Jahr – in Österreich sind es etwa 19 Tonnen, in den reichen ölexportierenden Emiraten am Persischen Golf über 100 Tonnen, in Bangladesh lediglich 2 Tonnen pro Person.

In den letzten dreißig Jahren kam es zwar in vielen Ländern zu relativen Verbesserungen im effizienten Einsatz der entnommenen Rohstoffe. Global gesehen gewinnt die Menschheit heute etwa 40% mehr ökonomische Wertschöpfung aus einer Tonne Rohstoff als noch vor 30 Jahren. Diese Verbesserungen konnten aber den Zuwachs an konsumierten Ressourcen nicht ausgleichen. Die Weltwirtschaft wächst, und somit wird mehr produziert und konsumiert. Die Effizienzgewinne werden daher durch das Wirtschaftswachstum mehr als kompensiert. Dieser steigende Rohstoffhunger führt zu sozialen und ökologischen Konflikten, gerade wenn die wahren Kosten der zunehmenden Nachfrage nach immer knapper werdenden Ressourcen in andere Länder und Weltregionen „exportiert" werden.

Um eine hohe Lebensqualität für Menschen in allen Ländern zu erreichen und eine ökologische Katastrophe zu verhindern muss es zu einer „Dematerialisierung" der Wirtschaft, vor allem in den reichen Industrienationen kommen. Dies kann letztendlich nur durch ein radikales Umdenken in Politik, Wirtschaft und Gesellschaft erreicht werden. Es braucht langfristige, politische Zielwerte, wie sich die Weltgemeinschaft in den nächsten Jahrzehnten entwickeln soll. Prozesse wie die „Leitinitiative Ressourceneffizienz" der Europa 2020 Strategie der Europäischen Union beschäftigen sich bereits mit dem Finden solcher Zielwerte.
Zusätzlich braucht es aber auch einen fundamentalen Wertewandel in den Gesellschaften vor allem der reichen Industrienationen: Es braucht neue Lebens- und Konsumstile.

Boden, Wasser, Energie, Klimawandel

Die **verfügbare landwirtschaftlich nutzbare Fläche** pro Kopf ist von 5000 m² im Jahr 1950 auf weniger als 2000 m² geschrumpft. Der Hauptgrund dafür liegt im Bevölkerungswachstum. Die Weltbevölkerung hat sich im letzten Jahrhundert vervierfacht. Nach dem Weltbevölkerungsbericht des Bevölkerungsfonds der Vereinten Nationen wurde die 7 Milliardenmarke Ende 2011 überschritten. Dabei ist jedoch anzumerken, dass die Ungenauigkeit der Erfassung etwa 5 % betragen kann.
Auch die Prognosen über das Bevölkerungswachstum haben eine große Streuung. Der mittlere Wert für 2050 liegt bei ca. 9 Milliarden Menschen. Die Bevölkerung wächst vorwiegend in den Entwicklungsländern.

Zur Veranschaulichung könnte man sich die Welt als Dorf mit 100 Einwohnern vorstellen: Im diesem Dorf würden heute 60 Asiaten, 15 Afrikaner, 11 Europäer, 9 Lateinamerikaner und 5 Nordamerikaner leben. Darunter wären 27 Kinder unter 15 Jahren und 8 Dorfbewohner älter als 65; 50 Frauen und 50 Männer und jede Frau bekäme im Durchschnitt 3 Kinder. Nach den Wachstumsprognosen wird die Zahl der Dorfbewohner jährlich um etwa 1 Person steigen. Im Jahre 2050 würden dann 138 Menschen im Dorf leben: 80 Asiaten, 30 Afrikaner, 11 Lateinamerikaner, 10 Europäer und 7 Nordamerikaner.

70% der landwirtschaftlichen Nutzfläche (das entspricht ca. 30% der globalen Landfläche) wird von der Tierhaltung beansprucht. In den letzten 50 Jahren hat sich der weltweite **Fleischverbrauch** vervierfacht und ist auf ca. 300 Millionen Tonnen pro Jahr angewachsen. Der Weltagrarbericht geht davon aus, dass dieser Trend anhält, wenn der hohe Fleischkonsum der Industrieländer gleich bleibt und städtische Mittelschichten in China und anderen Schwellenländern sich diesem Niveau weiter annähern. Derzeit liegt der durchschnittliche Fleischverbrauch in den Entwicklungsländern bei ca. 33 kg pro Person, in den Industriestaaten bei 80 kg pro Jahr.

Laut Schätzungen der FAO („Food and Agriculture Organization", eine Organisation der UNO) wird die Weltbevölkerung bis 2050 zwei Drittel mehr Rind, Schwein und Huhn vertilgen.

Die Viehmast beansprucht heute fast zehn Prozent des Süßwassers und verursacht ein Fünftel der Treibhausgase. Um ein Kilo Steak auf den Teller zu bekommen, werden 15.500 Liter Trinkwasser verbraucht und so viel klimaschädliches Treibhausgas produziert wie auf einer Autofahrt von 1600 km. Die Nutztiere fressen alles in allem ein Drittel der Getreideernte. Die meisten Masttiere fressen heute nicht mehr Gras, sondern Mais, Soja, Weizen und anderes Getreide, das auf Ackerflächen wächst, die der direkten Lebensmittelproduktion verloren gehen.
Die Umwandlungsrate von pflanzlichen in tierische Kalorien pro Kilogramm schwankt zwischen 2:1 bei Geflügel, 3:1 bei Schweinen, Zuchtfischen, Milch und Eiern und 7:1 bei Rindern. Nach Berechnungen der Umweltorganisation der Vereinten Nationen könnten die Kalorien, die bei der Umwandlung von pflanzlichen in tierische Lebensmittel verloren gehen, theoretisch 3,5 Milliarden Menschen ernähren.

Die Ergebnisse des Weltagrarberichts sprechen eine deutliche Sprache: Der Fleisch- und Milchverbrauch in den Industriestaaten muss reduziert, und der Verbrauch in den Schwellenländern muss begrenzt werden. Das sind die dringendsten und effektivsten Schritte zur Sicherung der Ernährung und der natürlichen Ressourcen sowie zum Klimaschutz.
Die extremen Klimaauswirkungen der Milch- und Fleischproduktion können auch durch eine optimierte Futterzusammensetzung gelindert werden, um den Methanausstoß zu reduzieren. Zusätzliche Futterquellen, etwa Abfälle und ungenutzter Beifang in der Fischerei, könnten die Effizienz an dieser Stelle steigern.
Ebenso notwendig ist eine Verteilung der Produktionsstätten, wodurch Transportwege reduziert werden und der von den Tieren ausgeschiedene Dünger dort wieder eingesetzt werden kann, wo die Nährstoffe dem Boden entzogen wurden.

Aus Umweltsicht gibt es keinen Zweifel daran, dass die Menschen in den Industrieländern mit ihren Ernährungsgewohnheiten auf einem Irrweg sind. 18 Prozent der Treibhausgase gehen auf die Produktion von Fleisch- und Milchprodukten sowie Eiern zurück. Die Treibhausbilanz von pflanzlichen Produkten ist um den Faktor 10 geringer. Würden die Menschen in den Entwicklungs- und Schwellenländern genauso viel Fleisch essen wie jene in den Industrieländern, wäre eine um zwei Drittel größere Landfläche nötig.

Wasser hat eine zentrale Bedeutung für Ernährung, Gesundheit, Umwelt, Wirtschaft und Energieerzeugung. Das meiste Wasser wird in der Landwirtschaft gebraucht. Nahrung kann ohne Wasser nicht erzeugt werden. Für die Herstellung von 1 Kilogramm Rindfleisch wird 15.500 Liter Wasser benötigt; für Käse 5000, Reis 3400, Weizen 1300, Äpfel 700, Kartoffel 255 und für Karotten 131 Liter.

Zitate aus dem vierten Weltwasserbericht – „World Water Assessment Programm" (WWAP) der UNESCO: Global gesehen wird weniger als ein Fünftel der landwirtschaftlichen Fläche bewässert, auf dieser Fläche werden aber 40 Prozent der weltweiten Nahrungsmittelproduktion erzeugt. Der landwirtschaftliche Flächenertrag bei Bewässerung ist durchschnittlich 2,7-mal höher als bei Regenwassernutzung. Daher hat sich die bewässerte Fläche seit 1970 auf weltweit über 300 Millionen Hektar fast verdoppelt.

Die Bewässerungslandwirtschaft beansprucht etwa 70 Prozent des Wasserbedarfs. Der Anteil der Industriestaaten an der Wassernutzung für die Landwirtschaft ist eher gering, in schnell wachsenden Ländern wie Indien kann der Anteil bis zu 90 Prozent betragen, in den am wenigsten entwickelten Ländern liegt der Anteil oft noch darüber. Zugleich wird bis 2050, bei einem Anstieg der Weltbevölkerung um zwei bis drei Milliarden Menschen, bis zu 70 Prozent mehr Nahrung benötigt.

Die Landwirtschaftsorganisation der Vereinten Nationen geht davon aus, dass der Wasserbedarf in der Landwirtschaft um elf Prozent steigen wird, der Gesamtwasserbedarf um 20 Prozent. Der Großteil des Zuwachses entfällt auf Regionen, die heute schon an Wassermangel leiden.

Die Landwirtschaft, egal ob sie Nahrungsmittel oder Biokraftstoffe anbaut, trägt erheblich zur Verschlechterung der **Wasserqualität** bei. Nitrate sind die am meisten verbreiteten chemischen Schadstoffe im Grundwasser weltweit. Die USA und Westeuropa setzen im globalen Vergleich mengenmäßig am meisten Pestizide ein, Japan ist Spitzenreiter beim Pestizideinsatz pro Fläche. Die Nutztierhaltung ist gerade in Industrieländern eine der Ursachen erheblicher Umweltverschmutzung. In Ländern wie Brasilien werden riesige Flächen für die Nutztierhaltung abgeholzt.
Durch die Ausweitung von Siedlungen und den Verlust fruchtbaren Bodens gehen jährlich etwa sechs Millionen Hektar an landwirtschaftlicher Nutzfläche verloren, das sind 24 Milliarden Tonnen fruchtbarer Humus. Die Fläche mit degradierten Böden ist inzwischen doppelt so groß wie China und teilweise unwiderruflich geschädigt.
Die Bodenqualität nimmt dabei nicht nur in Trockengebieten ab, sondern überraschend oft auch in feuchten Regionen. 1,5 Milliarden Menschen sind von dem Problem der degradierten Böden betroffen. 42 Prozent davon leben in den ärmsten Gebieten der Welt, jeweils ein Viertel von diesen 1,5 Milliarden lebt in Indien und in Afrika südlich der Sahara.

Noch stärkere Auswirkungen auf den Wasserverbrauch als das Bevölkerungswachstum hatten in den letzten Jahrzehnten die veränderten Nahrungsgewohnheiten: Wer Fleisch- und Milchprodukte konsumiert, verbraucht mehr Wasser als Menschen, die sich vor allem von Getreide oder Gemüse ernähren. Für die Herstellung von einem Kilogramm Reis werden 2.500 Liter Wasser benötigt, für ein Kilogramm Rindfleisch 15.500 Liter.

Ein häufig übersehener Aspekt der Globalisierung ist, dass viele Industriestaaten ihren steigenden Ressourcenbedarf auf ärmere Länder abwälzen und somit dort ihren ökologischen Fußabdruck hinterlassen. Zum Beispiel wurde für Großbritannien berechnet, dass 62 Prozent des genutzten Wassers als "virtuelles Wasser" in Form von Reis oder Fleisch importiert wird, nur 38 Prozent des in Großbritannien konsumierten Wassers stammt aus dem Land selbst.

Trinkwasser: 89 Prozent der Weltbevölkerung haben heute Zugang zu sauberem Trinkwasser. Damit ist eines der Millenniumsziele der Vereinten Nationen vor 2015 erreicht. Doch in vielen Entwicklungsländern ist das Problem weiter akut. Rund 884 Millionen Menschen haben nach wie vor kein sauberes Wasser (die Zahl im Weltwasserbericht beruft sich auf Zahlen von WHO und UNICEF aus dem Jahr 2010).
Verunreinigtes Trinkwasser ist weltweit die Hauptursache für Cholera und Durchfallerkrankungen. Jedes Jahr sterben etwa 3,5 Millionen Menschen an den Folgen schlechter Wasserversorgung. Der schnelle Anstieg von Cholerafällen mit über 100.000 Todesopfern im letzten Jahrzehnt liegt in der unzureichenden Wasserversorgung.
Mit 100 Milliarden US-Dollar könnte man weltweit die Verhältnisse in allen Slums verbessern und für alle Menschen zur Verfügung stellen. Das ist viel Geld, aber andererseits weniger als 1 % der Summe, welche in den letzten Jahren weltweit für die Rettung von Banken aufgebracht wurde (11 Billionen USD).

Sanitäre Anlagen: Bei den sanitären Anlagen wird das Millenniumsziel der Vereinten Nationen bis 2015 nicht erreicht. 2,6 Milliarden Menschen verfügen heute über keine einfachen sanitären Anlagen. Nur 80 Prozent der städtischen Bevölkerung in Entwicklungsländern haben Zugang zu sanitären Anlagen. Gäbe es überall einfache sanitäre Anlagen und sauberes Trinkwasser, könnten neun von zehn Durchfallerkrankungen verhindert werden und damit zehn Prozent aller Erkrankungen weltweit.

Abwasser: Weltweit fließen 80 Prozent des städtischen Abwassers unbehandelt in Flüsse, Seen oder ins Meer, in Entwicklungsländern sind es bis zu 90 Prozent. Dies hat erhebliche Auswirkungen auf die Ökosysteme, die wiederum für die Wasserreinigung, Wasserspeicherung oder die Verhinderung von Erosion entscheidend sind.
Diese "kostenlosen Dienstleistungen" von Ökosystemen lassen sich am Beispiel der tropischen Wälder verdeutlichen: Der Wert der Ökosysteme allein für die Wasserversorgung wird auf über 7.000 Dollar pro Hektar beziffert – dies entspricht der Hälfte des gesamtwirtschaftlichen Wertes dieser Wälder.

Die **Grundwasser**menge, die pro Jahr zur Wasserversorgung genutzt wird, beträgt 1.000 Kubikkilometer. Etwa ein Viertel des weltweit entnommenen Wassers ist Grundwasser, drei Viertel werden aus Flüssen und Seen entnommen. Zwei Drittel des entnommenen Grundwassers werden für die landwirtschaftliche Bewässerung genutzt, 22 Prozent von den Haushalten und 11 Prozent von der Industrie. Während sich die Trinkwasserversorgung in Europa zum größten Teil aus Oberflächenwasser speist, ist besonders in den ländlichen Gebieten Afrikas und Asiens das Grundwasser entscheidend für das Überleben von bis zu 1,5 Milliarden Menschen. Die Natur kann die Grundwasserentnahme durch Wiederauffüllung der Grundwasserleiter im Allgemeinen sehr schnell kompensieren. Wird die jährlich entnommene Grundwassermenge jedoch immer weiter gesteigert, hat dies eine Absenkung des Grundwasserspiegels zur Folge. In einigen Regionen hat die Absenkung des Grundwasserspiegels bereits heute ein dramatisches Ausmaß angenommen.

Erneuerbare Energien werden immer wichtiger, um in der Zukunft den Energiebedarf zu decken. Der Gesamtenergiebedarf wird in den nächsten Jahren um 60 Prozent steigen. Wasserkraft ist mit einem Anteil von 15 Prozent an der gesamten Stromerzeugung weltweit die bedeutendste Form der Energiegewinnung aus erneuerbaren Quellen. Man geht davon aus, dass die Strommenge aus Wasserkraft verdreifacht werden kann. Besonders in Afrika wird das Potenzial der Wasserkraft bislang kaum genutzt: Die Stromerzeugung aus Wasserkraft könnte in Afrika um das 20fache gesteigert werden. Die meisten Prognosen zum Ausbau der erneuerbaren Energien gehen jedoch davon aus, dass die Zuwachsraten bei Wind- und Solarenergie sowie der Photovoltaik deutlich größer sein werden. Diese Technologien haben außerdem den Vorteil, dass sie im Betrieb kaum Wasser verbrauchen, während in allen herkömmlichen Stromkraftwerken die Wasserkühlung unersetzlich ist.

Klimawandel: Die Weltbank hat 2010 prognostiziert, dass die Anpassung an einen Temperaturanstieg des Weltklimas um zwei Grad im Zeitraum 2020 bis 2050 zwischen 70 und 100 Milliarden Dollar jährlich kosten würde; 20 Prozent davon entfallen auf Maßnahmen zur Wasserversorgung oder zum Schutz vor Hochwasser.

Naturkatastrophen: Ohne internationale Zusammenarbeit gelingt meist auch die Bewältigung von Naturkatastrophen nicht. 90 Prozent aller Naturkatastrophen haben mit Wasser zu tun. Allein 2010 haben 373 Katastrophen fast 300.000 Todesopfer gefordert, fast 208 Millionen Menschen in Mitleidenschaft gezogen und fast 110 Milliarden Dollar gekostet. 70 Millionen Menschen waren von Hochwasser betroffen. Bis 2050 wird die Zahl der Menschen, die regelmäßig von Hochwasser bedroht sein werden, auf voraussichtlich zwei Milliarden ansteigen.

Unerwünschte Nebenwirkungen

Klimaänderung

Die zunehmende Erwärmung der Erde bleibt nicht ohne Folgen für Fauna und Flora. Wie umfangreiche Studien beweisen, verändern sich sowohl jahreszeitliche Abläufe als auch die Gebietsgrenzen einzelner Arten, die in kühleren Regionen Schutz suchen. Bereits jetzt legen Vögel ihre Eier signifikant früher als zuvor, blühen Pflanzen immer zeitiger und verkürzen manche Säugetiere ihren Winterschlaf.
Ergebnisse einer Studie von der University of Texas und der Wesleyan University in Connecticut:
Pro Jahrzehnt "verschieben" sich die ökologischen Systeme um durchschnittlich 6,1 Kilometer in Richtung der Pole. Und der Frühling bzw. seine Phänomene (z.B. Wanderungsbewegungen oder Brutzeiten) beginnen immer früher – im Schnitt um 2,3 Tage pro Jahrzehnt. Der Klimawandel hat die Tier- und Pflanzenwelt bereits längst verändert.
In den vergangenen hundert Jahren wurde ein globaler Temperaturanstieg von 0,6 Grad Celsius gemessen.

Im Auftrag der UNO dokumentiert seit 1988 ein internationales Expertengremium – das Intergovernmental Panel on Climate Change (IPCCC) – den aktuellen Stand der Klimaforschung.
Das sind die aktuellen Erkenntnisse: Mit zunehmender Wahrscheinlichkeit ist die beobachtbare Klimaänderung auf menschliches Handeln, vor allem durch die Emissionen der sogenannten Treibhausgase (wie CO_2 und Methan) zurückzuführen. In den nächsten hundert Jahren ist ein weiterer Anstieg der globalen Durchschnittstemperatur um 1,4 bis 5,8 Grad Celsius zu erwarten, zusätzlich zum seit 1860 bereits gemessenen Anstieg um 0,6 Grad Celsius.
Die Klimaänderung in den nächsten Jahrzehnten ist nur mehr in der Intensität beeinflussbar und erfordert umfangreiche Anpassungsstrategien.

Diese Aussagen reflektieren den gegenwärtigen Stand des Wissens, der in die verfügbaren Computermodelle zur Simulation des Klimas eingeht. Derzeit ist keine andere Ursache für den überraschenden Anstieg der globalen Temperatur bekannt als die erhöhte Konzentration der Treibhausgase in der Atmosphäre. Das breite Band für den prognostizierten weiteren Temperaturanstieg resultiert aus Unsicherheiten, weil viele Mechanismen des Klimas, beispielsweise die Wolkenbildung und die Rolle der Meere, zu wenig erforscht sind.

Mit dem erwarteten Temperaturanstieg von 1,4 bis 5,8 Grad Celsius für die nächsten 100 Jahre wird der Schwankungsbereich von mindestens den letzten 10.000 Jahren verlassen. Mit einem Anstieg der Meere bis zu 90 cm ist zu rechnen. Schon bei einem Meeresanstieg von 40 cm würden bis zu 200 Millionen Menschen bedroht sein.

Eine Reduktion der Emissionen von Treibhausgasen in den nächsten Jahren auf ein Niveau, das rund 5% unter den Werten von 1990 liegt – der Meßlatte des auf politischer Ebene akkordierten Kyoto Protokolls – ist mit den verfügbaren Technologien möglich.
Auch unter pessimistischen Annahmen wären die negativen Folgen für das Brutto-Sozialprodukt kleiner, als die Messfehler dieses ohnehin fragwürdigen Wirtschaftsindikators.
Das Klima selbst würde jedoch von einer solchen Politik noch nichts spüren. Langfristig geht es um einen Reduktionsbedarf bei den Treibhausgasen auf weniger als ein Viertel des jetzigen Volumens. Nach den derzeitigen Erkenntnissen ist also für das nächste Jahrhundert mit einer deutlichen Klimaänderung zu rechnen.

Massentierhaltung – Tierleid

Weltweit werden jedes Jahr 45 Milliarden Tiere für den menschlichen Verzehr getötet. Vor dem Tod ist die Intensivhaltung bei allen Tieren die Regel – zu 99,9 Prozent bei Masthühnern, 97 Prozent bei Legehennen, 99 Prozent bei Puten, 95 Prozent bei Schweinen und 78 Prozent bei Rindern.
In den vergangenen 50 Jahren wurde die Massentierhaltung vom Geflügel auf Rinder, Milchkühe und Schweine erweitert. Das tierische Eiweiß kostet heute weniger denn je. Allerdings nur, solange man die externen Kosten nicht mit einrechnet (Landwirtschaftssubventionen, Umweltbelastung, Humankrankheiten, ...).
In der Massentierhaltung wird auf die Bedürfnisse der Tiere keine Rücksicht genommen, so werden möglichst viele Tiere auf möglichst wenig Raum gehalten. Die so zusammengepferchten Tiere können ihre angeborenen Verhaltensweisen und Triebe in keinster Weise ausleben. Eine auch nur annähernd artgerechte Haltung gibt es in der Massentierhaltung überhaupt nicht. Anstatt Haltungsbedingungen zu verbessern und den natürlichen Bedürfnissen der Tiere nach Platz, Bewegung und Beschäftigung nachzukommen, werden die Tiere schmerzhaft zurechtgestutzt. Was nicht passt, wird passend gemacht.
Die Tiere werden unter unvorstellbar grausamen Bedingungen in bedrückender Enge gehalten und dies vom Tag ihrer Geburt an bis zu ihrem frühen Tod durch Schlachtung. Man beraubt sie jeglicher Bewegungsmöglichkeit, damit ihre ganze Körperenergie in das Fleisch, die Eier oder die Milch geht, welche der Mensch später verzehrt.
Während ihres erbärmlichen Daseins werden den Tieren auch noch Medikamente, insbesondere Antibiotika verabreicht, zum Teil als Wachstumsbeschleuniger, zum Teil prophylaktisch zur Krankheitenvorsorge, zum Teil aber auch, damit sie die Torturen überhaupt überstehen können.

Um möglichst billig zu produzieren werden dann zum Teil auch noch verunreinigte Stoffe (teils sogar Dioxin verseucht) dem Tierfutter beigemischt, wie die Futtermittelskandale der Vergangenheit gezeigt haben. All dies findet sich in Rückständen im Fleisch der Tiere wieder und landet damit auf dem Tisch.

Noch vor wenigen Jahrzehnten lag Fleisch etwa einmal pro Woche auf dem Teller und war somit ein Festessen, heutzutage ist Fleisch bereits ein Hauptnahrungsmittel. Der Fleischkonsum ist derart angestiegen, dass sich auch die Produktionsweisen für diese enormen Fleischberge ändern mussten. Doch Ursache und Wirkung lassen sich auch problemlos austauschen: Die zunehmende Intensivierung der Landwirtschaft führte zu einem immer höheren Ertrag an Getreide. Um dieses nicht unter dem Wert verkaufen zu müssen, entschied sich die Agrarindustrie, das wertvolle Getreide zu "verschwenden", indem immer höhere Tierbestände damit gefüttert wurden. Dies führte zu einem viel höheren Angebot an Fleisch, damit zu einer massiven Preissenkung und dadurch zu einem alltäglich Konsum. Bei der Massenproduktion der Ware Fleisch werden die Tiere nur mehr nach ihrem "Ertrag" bewertet. Bei dieser Nachfrage bestimmt nur mehr der beste Preis die Haltungsform der Tiere. Somit wird das unermessliche Tierleid in Massentierhaltungsbetrieben größtenteils ignoriert.

Artensterben – Reduktion der Vielfalt

Die biologische Vielfalt oder „Biodiversität" umfasst die Vielfalt der einzelnen Tier- und Lebensräume, wie auch die genetische Vielfalt innerhalb der einzelnen Tier- und Pflanzenarten. Weltweit wird ein dramatisches Artensterben beobachtet. Durch den Verlust an Arten, Genen und Lebensräumen verarmt die Natur und werden die Lebensgrundlagen der Menschheit bedroht. Die Existenz und das Wohlbefinden von Menschen ist eng gekoppelt mit den „Leistungen des Ökosystems" der Natur. Und diese Leistungen sind abhängig von der biologischen Vielfalt. Die Erhaltung der biologischen Vielfalt muss daher ein zentraler Bestandteil des Umweltschutzes sein.

Verschiedene natürliche Ökosysteme stehen auf der Kippe. Geht die Zerstörung weiter, dann wird sich nach dem „Global Biodiversity Outlook" die Reduktion der Artenvielfalt beschleunigen.

Die Verlustrate für viele Arten hat teils enorm zugenommen. Viele Amphibien stehen vor dem Verschwinden, ein Viertel der Pflanzenarten ist vom Aussterben bedroht, die Zahl der Wirbeltiere ist drastisch zurückgegangen, natürliche Ökosysteme wie Tropen- oder Mangrovenwälder, Feuchtgebiete, Flüsse und Seen oder Korallenriffe schrumpfen, sind belastet oder werden immer bruchstückhafter. Auch die Vielfalt bei den Nutzpflanzen und Nutztieren geht weiter zurück.
Die Gründe für das Artensterben sind Ausbeutung, Verschmutzung, Eindringen fremder Arten und Klimaveränderung.

Die Mahnrufe der Naturschützer verhallen ebenso, wie die der Klimaschützer. Obwohl die Hinweise deutlich sind: Die Artenvielfalt und der Schutz der Ökosysteme hängt direkt mit dem Überleben der Menschen zusammen. Am schnellsten und härtesten werden durch eine weitere Zerstörung der Ökosysteme die Armen leiden.

Lärm

Lärm ist Schall, der als unangenehm empfunden wird. Je lauter es wird, desto unangenehmer. Das Lärmempfinden ist bei jedem Menschen anders, ab einer bestimmten Lautstärke wird es allerdings gefährlich. Lärm ist mittlerweile ein belastendes und krankmachendes Umweltgift. Der Krach hat die Belastung durch Schadstoffe als Problem überholt, denn das Ohr ist immer auf Empfang. Lärm wirkt sich nicht nur auf das Ohr, sondern auf den ganzen Organismus negativ aus.

Lärm tötet nach vorläufigen Erkenntnissen der Weltgesundheitsorganisation (WHO) Zehntausende Menschen pro Jahr. Allein die Langzeitbelastung durch Verkehrslärm ist in Europa für bis zu drei Prozent aller tödlichen Herzanfälle verantwortlich. Weltweit sterben sieben Millionen Menschen pro Jahr durch so genannte ischämische Herzkrankheiten. Mehr als 200.000 davon gehen auf Konto des Krachs.

Abgesehen von Herzkrankheiten durch Verkehrslärm gibt es Schlafstörungen durch andauernde Hintergrundgeräusche, sowie Hörschäden wie Schwerhörigkeit und Tinnitus durch laute Musik. Ab einem Dauerschallpegel von 60 Dezibel treten Stressreaktionen im Schlaf auf, ab 80 Dezibel kann die Gesundheit leiden.
Eine Zunahme um 10 Dezibel entspricht einer Verdopplung der Lautstärke. Die Schmerzgrenze liegt bei 130 Dezibel. Lärmeinwirkung von 150 Dezibel verursacht in Sekunden irreparable Schäden.

Dass Lärm ein akzeptables Übel ist, das man für die Motorisierung unserer Umwelt eben in Kauf nehmen müsse, war lange Zeit eine gebrauchte Rechtfertigung. Bislang gibt es in vielen Ländern kein allgemein wirksames Gesetz zum Schutz vor Lärm. Stattdessen gibt es eine Unmenge von Richtlinien.

Müll, Mist

Derzeit fallen global pro Jahr rund 1,3 Milliarden Tonnen Siedlungsabfälle an, vor allem in den entwickelten Industriestaaten. So produzieren allein die OECD-Mitgliedsländer pro Tag fast 1,6 Millionen Tonnen Hausmüll bzw. hausmüllähnliche Gewerbeabfälle.
Die geringsten Werte gibt es in Südasien, dem Mittleren Osten und Nordafrika sowie in den afrikanischen Staaten südlich die Sahara mit jeweils weniger als 200.000 Tonnen am Tag. Der größte Einzelproduzent sind mit 620.000 Tonnen Siedlungsabfall am Tag die USA, gefolgt von China mit 520.000 Tonnen.

Aussagekräftiger als absolute Mengen sind die Pro-Kopf-Werte. Hier weisen die OECD-Staaten Hausmüllmengen von im Schnitt über zwei Kilogramm am Tag auf. Für die meisten anderen Weltregionen liegen die Werte dagegen knapp über oder unter einem Kilogramm pro Tag.
In Südasien fällt mit 500 Gramm weniger als ein Viertel der OECD-Menge an. Laut dem „Worldwatch Institute" werden derzeit nur 25 Prozent des weltweit anfallenden Siedlungsmülls recycelt, kompostiert oder vergoren.
Und die Müll-Lawine rollt ungebremst weiter: Bis zum Jahr 2025 wird sich das weltweite Aufkommen an festen Siedlungsabfällen auf 2,6 Milliarden Tonnen jährlich verdoppeln. Schuld daran sind der wachsende Wohlstand sowie die zunehmende Urbanisierung, vor allem in den Entwicklungsländern.

Einer Studie im Auftrag der Ernährungs- und Landwirtschaftsorganisation der Vereinten Nationen (FAO) zufolge, gehen weltweit jährlich etwa 1,3 Milliarden Tonnen **Lebensmittel** verloren oder werden entsorgt. Das entspricht etwa einem Drittel der gesamten weltweiten Jahresproduktion.

In den Industriestaaten sind 40% der Nahrungsmittelverluste völlig genießbare Lebensmittel, die von Händlern oder Konsumenten aus verschiedenen Gründen entsorgt werden. Auf diese Weise werden jedes Jahr etwa 220 Millionen Tonnen genießbarer Lebensmittel weggeworfen, was etwa der gesamten Nahrungsmittelproduktion aller afrikanischen Länder südlich der Sahara entspricht. Nach Einschätzung der Initiative „Save Food" könnten von der weltweiten Produktion etwa 12 Milliarden Menschen ernährt werden, würde dieser Anteil nicht weggeworfen oder vernichtet werden.
In Europa und Nordamerika werden im Durchschnitt pro Kopf und Jahr etwa 115 kg Lebensmittel verschwendet oder vergeudet. In ärmeren Regionen wie Südostasien und Afrika sind es dagegen bis zu 11 kg pro Kopf und Jahr.

Schätzungen zufolge landen jährlich 6,4 Millionen Tonnen **Abfälle im Meer**. Laut einer Studie des Umweltprogramms der Vereinten Nationen (UNEP) treiben in jedem Quadratkilometer der Weltmeere durchschnittlich 18.000 Plastikteile. Der Großteil des Mülls stammt vom Land, nur 20 Prozent gehen direkt auf See über Bord. Dort angelangt, verbleiben Kunststoffe jahrzehntelang im Ökosystem – die Zersetzung heute üblicher Kunststoffe dauert bis zu 450 Jahre.
In weiten Teilen des Nordpazifiks findet man in rauen Mengen nicht abbaubares Plastik. Der Müllstrudel vor Hawaii weist weltweit die höchste Konzentration an schwimmenden Plastikteilen auf und hat verheerende Auswirkungen auf die Tierwelt. Verschiedenste Tierarten fallen weltweit dem Müll im Meer zum Opfer – darunter Schildkröten, Seevögel, Robben, Seelöwen, Fische oder Krebse.

Der „**elektronische Müll**", vom Auto über das TV-Gerät bis zum Computer, wird in zunehmendem Maß an die Entwicklungsländer verkauft, wo er als billige Rohstoffquelle dient. Das Grundwasser von Lagos (Nigeria) oder Guiyu (China) ist mit Schwermetall – mit bis zum Hundert- bis Tausendfachen der Grenzwerte – verseucht.

Aufgaben, Probleme wirksam lösen

Menschen in Not / Menschen auf der Flucht – Ein Vorschlag

Eine der wichtigsten Aufgaben auf unserem Planeten: Was muss und was darf nicht getan werden, um die Not und das Elend der Menschen nachhaltig auf unserer Erde zu reduzieren?

(1) Entkoppelung von Asyl und Immigration

Asylanträge können nur auf Botschaften (EU-Botschaften) vor Ort bzw. in UNO-Aufnahmezentren im Nahbereich der Konfliktzonen (bzw. an den Außengrenzen der EU) beantragt werden. Erreichbar, ohne die Schleppermafia bemühen zu müssen.

Die europäischen Staaten leisten ihren Beitrag (Geld, Ressourcen), um den Aufenthalt der schutzsuchenden Menschen menschenwürdig – nach einheitlichen Standards – zu ermöglichen.

Sie leisten weiteres ihren Beitrag um den (jeweils) aktuellen Konflikt zu lösen und eine (rasche) Rückkehr der Menschen in ihre Heimatländer zu ermöglichen.

Es gibt keine Möglichkeit Asyl innerhalb der EU zu beantragen – und dadurch auch keine Anreize, um auf illegalem Weg, mit viel Geld für Schlepper und unter Lebensbedrohung (Ertrinken im Meer, Ersticken im LKW, ..) in ein Zielland zu gelangen.

(2) Immigration kann nur legal erfolgen

Die Einreise in die EU ist nur mit Pass/Visum möglich. Die Regeln für die Erlangung eines Aufenthaltsrechtes und einer Staatsbürgerschaft sind klar, eindeutig und verständlich festgelegt. Jedes Land innerhalb der EU kann Kriterien und Anzahl bestimmen.

(3) Und das Wichtigste: **Ursachen beseitigen bzw. verhindern**

Was sind die wahren, tiefen Ursachen für die Not – warum sterben viele Millionen Menschen an Mangelernährung, werden Menschen verfolgt, bombardiert, verletzt und getötet?
Und – was muss getan werden um diese Ursachen zu beseitigen bzw. (und vor allem) deren Auftreten zu verhindern?

Fakt: Nur die wirksamen Maßnahmen / Antworten auf die tieferliegenden Ursachen (in einer Ursachenhierarchie einer sehr komplexen Realität) werden beitragen um die Not zu lindern.

Eine der „tieferen" Ursachen liegt in der Verschwendungsökonomie im „reichen Norden" (20 % der Menschen mit 80% der weltwirtschaftlichen Wertschöpfung) mit ihrer wirtschaftlichen Macht; der Ausbeutung, Versklavung, dem Landraub, der Vernichtung landwirtschaftlich nutzbarer Flächen – u. a. durch Klimaveränderungen aufgrund der produzierten Treibhausgase.

Eine andere Ursache liegt „im Potential der Eigenverantwortung", in den gesellschaftlichen, politischen Strukturen in den „armen Ländern" – bei Korruption, wenn z. B. Hilfeleistungen die Bereicherung der Machthaber bewirken und nicht zu einer Weiterentwicklung der Volkswirtschaft beitragen.
Hier könnte uneigennützige Unterstützung zur Selbsthilfe helfen – mit Wissen und Erfahrung, um aufzuklären und Fakten messbar zu machen. Und, um einen Demokratisierungsprozess (ohne Bevormundung) einzuleiten.

Jedenfalls: Mit Krieg, mit Bomben zurückschlagen oder nur den eigenen Vorteil suchen, Macht und Einfluss auf Ressourcen (Erdöl, Erdgas, Wasser, ...) sichern, andere Kulturen belehren und Gut und Böse nach eigenem Gutdünken (Nutzen) festlegen – und „Gut" mit Geld und Waffen zu unterstützen, wird sich die Spirale des Hasses und der Gegenwehr immer weiterdrehen.

Das zeigt der Wahnsinn der Geschichte.
Dieser Wahnsinn liegt im Streben um Macht und Einfluss, um
- Ressourcen (Boden, Wasser, Öl, Gas, ...) zu sichern und
- andere Werthaltungen zu verhindern, Recht zu haben, den Un- bzw. Andersgläubigen zu bekehren.

Wer dabei stört ist ein Feind und wird bekämpft. Und – auf jeden Kampf folgt die Revanche.
Die Rollen ändern sich dabei ständig: einmal Verteidigung, dann Angriff. Und dabei ist man selbst immer der Gute, der andere ist der Böse. Und jeder Feind hat Freunde, welche den Kampf unterstützen. Motive: siehe oben.

Und doch: Die „Menge" an Leid zu reduzieren wäre möglich, denn das Leid ist in hohem Maße menschengemacht.

Ob dies je geschieht?

Leider spricht viel dafür, dass Albert Einstein recht hat: „Zwei Dinge sind unendlich: Das Universum und die Dummheit der Menschen. Aber beim Universum bin ich mir noch nicht so sicher.

Eine Bitte an die Politik - Brief vom 9. Oktober 2015

Sehr geehrte Frau Bundeskanzlerin Dr. Merkel,
Sehr geehrter Herr Bundeskanzler Faymann,

ich wage es noch einmal, ein letztes Mal, - und habe Verständnis dafür, dass sie mir nicht (persönlich) antworten wollen und/oder können. Wichtig ist ausschließlich, dass sie die Botschaft lesen und mithelfen, mit ihren politischen Handlungen, das Leid der Menschen in Not umfassend und nachhaltig zu reduzieren. Die derzeitigen Maßnahmen werden nicht dazu führen. Auch nicht die geplanten, zahlreichen "Hotspots", z. B. auf den griechischen Inseln.

Bei der Lösung des Problems der illegalen Flüchtlingsströme wird man nur dann den gewünschten Effekt erzielen, wenn es keine Asyl-Erstaufnahmezentren innerhalb Europas gibt - und dies eindeutig, klar und verständlich kommuniziert wird.
Jede(r) die/der eine illegale Einreise unternimmt, wird registriert und an die EU-koordinierten Erstaufnahmezentren an den Außengrenzen zurückgebracht und hat ihre/seine Möglichkeit vertan, um (z. B. für die nächsten 20 Jahre) legal in Deutschland, Österreich, ... leben zu dürfen.

Das hätte man bereits machen müssen, spätestens seit "Dublin 2/3" beschlossen wurde. Seither verstoßen Erstaufnahmezentren innerhalb der EU gegen diese Regelung. Alle Flüchtlinge - ohne Ausnahme - sind ausschließlich auf illegalem Wege in diese Erstaufnahmezentren gekommen.

Dazu - die EU als Einheit begreifen und handeln: EU-Botschaften in den Ländern um legale Einreisemöglichkeiten (Visa) zu erhalten und EU-weit koordinierte Erstaufnahmezentren, ausschließlich an den Außenstellen der EU bzw. situationsbezogen im Nahbereich von Krisenherden.

Mit klaren, eindeutigen und für die Flüchtlinge verständlichen Informationen über Asylkriterien und Integrationsbedingungen.
Nur damit kann es möglich werden, ohne Zäune, ohne Schleppermafia, ohne Tote auf der Flucht in das Zielland, ohne Chaos in den Flüchtlingsbewegungen, ohne Millionen uneffektiver Einsatzstunden von Hilfskräften, die Aufgabe zu bestehen – und zumindest diesen Teil der Problematik zu lösen.

Dies nicht zu tun, ist meines Erachtens unverantwortlich.

Mit der Hoffnung, dass sie die Menschlichkeit ihres Handelns, nach der Wirkung und den Folgen ihres Tuns für den kommenden Jahrzehnte ausrichten.
Mit freundlichen Grüßen

PS:
Schon mal darüber nachgedacht, warum Flüchtlinge in bestimmte Zielländer wollen, obwohl alle – ohne Ausnahme, alle –, welche das wollen und können (Anmerkung: nur ein sehr kleiner Anteil hat die Möglichkeit und das Geld), dabei gegen Gesetze verstoßen?
Sie werden eingeladen, beworben, aufgenommen und willkommen geheißen und folgen diesem Aufruf. Nach dem Motto: Wenn ich die Regeln „umgehe" / missachte und damit erreiche was ich möchte, warum soll ich dann die Regeln nicht missachten?
Schon mal darüber nachgedacht, dass damit nur einem sehr kleinen Anteil der Menschen geholfen werden kann und die überwiegende Anzahl von mehreren Hundertmillionen Menschen in Not – oft weiter weg und damit außerhalb des Blickfeldes – draußen bleiben müssen.
Warum gibt es Erstaufnahmezentren innerhalb der EU, welche spätestens seit "Dublin 2/3" gegen EU-Gesetze verstoßen?
Und warum gibt es die in Medien und Politik öffentlich dargestellten Willkommensrufparolen?

Der Ruf nach Menschenrechten klingt menschlich. Aber ist er das wirklich?

Schon mal darüber nachgedacht, was man dadurch bewirkt, unmittelbar und in Folge – und, was man mit alternativem Tun effektiver erreichen könnte?

Traurige Tatsache: Tausende Menschen sind aufgrund einer unüberlegten und gegen Gesetze verstoßenden Willkommenspolitik auf ihrem Fluchtweg gestorben. Jene, welche es „geschafft" haben, sind umsorgt und aufgenommen worden. Jene, welche von den Flüchtlingen beauftragt werden mussten, um den Kontrollen „auszuweichen", werden verfolgt und verhaftet.

Dieser Prozess ist unwirksam wird aber medienwirksam inszeniert. Wir tun etwas!

Die selbst organisierte Geschäftsgrundlage für die Schleppermafia bleibt weiter aufrecht. Weiteres herrscht totales Chaos und hilfsbereite Menschen leisten Millionen von Einsatzstunden. Ein Einsatz der um ein Vielfaches wirksamer sein könnte.

Wer hat dies zu verantworten?

Was sind die Motive für dieses Handeln?

Edle, uneigennützige?

Oder ist es Egoismus und/oder Selbstdarstellung?

Brauchen wir die hochqualifizierten und tüchtigen Einwanderer um unseren kinderarmen und alternden Wohlstandsgesellschaft die zukünftigen Pensionen zu sichern?

Oder sind sie uns willkommen, weil sie Arbeiten verrichten, zu welchen wir zu bequem oder zu faul sind?

Fakt ist: Das aktuelle Flüchtlingsdrama liegt im "Prozentbereich" des globalen Problems "Menschen in Not".

Viel, viel wirksamer als diese illegale Willkommenspolitik ist/wäre **uneigennützige Hilfe vor Ort** und die Mithilfe bei der Bekämpfung und vor allem bei der Verhinderung der Ursachen.

Beispielsweise die **Versklavung und Ausbeutung unter dem Deckmantel der globalisierten Wirtschaft** beenden. Aus mit Exportförderungen von Großkonzernen, welche die Lebensgrundlage den kleinstrukturierten landwirtschaftlicher Betrieben (z. B. in Afrika) entziehen.

Aus mit Verschwendung, Wegwerfen und Überfluss und mit den damit verbundenen, lebensbedrohlichen Klimaveränderungen. Aus mit den Geschäften mit Waffenlieferungen.

Wäre es nicht viel menschlicher – weil effektiver –, würden Möglichkeiten geschaffen werden bzw. Ursachen bekämpft und noch besser verhindert werden, dass Menschen nicht wegen Nahrungsmangel sterben oder wegen Verfolgung und Krieg flüchten müssen?

Wäre es nicht viel menschlicher, wenn die Menschen, statt in Wohlstandsstaaten zu flüchten, in ihren Volkswirtschaften, Kulturkreisen mithelfen könnten um in ihrem Land die Not zu beenden und Wohlstand und Lebensqualität aufzubauen?

Wäre es nicht viel menschlicher und verantwortungsvoller, dass die „reichen Länder" **uneigennützige Hilfe zur Selbsthilfe** zu geben. Eine Globalisierung des Wissens und der Solidarität.

Auf diesem Weg dürfen auch die wirklich Armen in den Wohlstandsstaaten nicht vergessen werden. Dies darf jedoch niemals ein Argument sein, um der Verpflichtung der Wohlstandsstaaten den Menschen in Not auch entsprechend materiell zu helfen, nicht nachzukommen. Dies ist ausschließlich eine Frage der Verteilungsgerechtigkeit innerhalb des Landes.

Wirtschaftssystem mit Zukunft

Verstand und Weitblick bei Zielen und Maßnahmen, Vernunft beim Maß und Denken in Zusammenhängen.
Die Anzahl der Menschen auf der Erde hat sich seit 1950 beinahe verdreifacht. Derzeit leben etwas mehr als 7 Milliarden Menschen auf diesem Planeten. Und es werden mehr werden. Das verstärkt die Notwendigkeit, „effizient das Richtige zu tun".
Für eine bessere Welt, eine gute Zukunft für die Menschen auf diesem Planeten – Vorschläge für Subziele und Wege, um diesem Ziel näher zu kommen:

(1) Mehr Bewusstsein für die (oft komplexen) Zusammenhänge von **Ursachen und Wirkung**. Und für die Frage: Was ist **Mittel** und was ist **Zweck/Ziel**?
Der Anspruch: Mittel müssen dem Zweck/Ziel dienen. Der Nutzen muss nachhaltig höher sein, als der Schaden durch **unerwünschte Folgewirkungen**.
Beispielsweise ist Geld ein Mittel und nicht Zweck (Selbstzweck).
Das im globalen Finanzzirkus **Millisekunden-Hin-und-Herschaufeln von Milliardenbeträgen** (in Summe ein Vielfaches der gesamten Weltwirtschaftsleistung) ist kontraproduktiv. Der Saldo aus Gewinn und Verlust ist negativ, denn der Schaden bei den Verlierern ist weit größer als der Nutzen bei den Gewinnern.

Und auch das **BIP, BIP pro Kopf und Importe** (= Exporte, wenn es ein stabiles Miteinander von Volkswirtschaften / Gesellschaften geben soll) sind Mittel (und nicht Zweck/Selbstzweck).
Es kann nicht sinnvoll sein, Produkte/Lebensmittel, welche regional erzeugt werden können/um die Ecke wachsen (oder wachsen könnten) **Tausende Kilometer hin- und herzuschicken** und dabei die Welt **verlärmen, blockieren und verdrecken** – mit dramatischen Folgen von vielen Tausenden Verletzten / Toten im Verkehr.

Arbeit (unbezahlte, sowie Erwerbsarbeit) ist Mittel und Zweck sogleich.
Es muss viel mehr um sinnvolle Arbeit gehen. Arbeit, welche neben Anstrengung Sinn macht und den Menschen Anerkennung, Selbstbewusstsein und Zufriedenheit bringt.
Daher muss es eine bessere Verteilung der Arbeit geben, um die vielen Arbeitsuchenden – sehr viele davon sind junge Menschen – einzubeziehen und zu beteiligen.

Und: Es braucht mehr **Bewusstsein, dass jede Maßnahme** in einem begrenzten System **Folgen hat**.
Im weitgehend unbegrenzten globalen Wirtschaftssystem geht es um Wettbewerb, um Verdrängung.
Dabei ist es fair, wenn – bei gleichen Bedingungen / Regeln / Voraussetzungen für alle Beteiligten – der Bessere (für die Kunden) gewinnt. Aber, es ist nicht fair, wenn völlige Ungleichheit herrscht und beispielsweise die Arbeit in anderen Staaten nur einen Bruchteil kostet (und Menschen ausgebeutet werden).
Wettbewerb ist eine Triebfeder für den Erfolg. Aber eben nur dann, wenn der Wettbewerb **in einer Leistungsklasse** (mit vergleichbaren Rahmenbedingungen) stattfindet – mit einfachen und klaren Regeln – (und der Nutzen höher ist, als der Schaden). Sowie auch Staaten nur dann in einem gemeinsamen Währungssystem sinnvoll miteinander im Wettbewerb stehen können, wenn die **Wirtschaftssysteme ein vergleichbares Niveau haben** und der Saldo in den Leistungsbilanzen mittelfristig ausgeglichen ist.
Es braucht das Bewusstsein, dass die **Grenzen des Wachstums** in den Überfluss- und Wegwerfgesellschaften überschritten sind und dass somit beispielsweise Förderungen für A Nachteile für B haben. Und ein „mehr davon" hier, ein „weniger davon" dort bedeutet. Es geht in diesen Staaten nicht mehr um „mehr", sondern um Verdrängung. Und, dass dies nur dann Nutzen bringt, wenn „A" oder „hier" mehr Nutzen für die kollektive Lebensqualität bringt. Nicht mehr, sondern besser.

(2) Erkennen der "**Grenzen von Größe**".
Die „Wirtschaftlichkeit der Massenproduktion" (economy of scale) ist ein Mittel. Aber nur dann ein gutes Mittel – für den guten Zweck, die „**kollektive Lebensqualität**" –, wenn der Nutzen höher ist, als der Schaden (die mittel- bis längerfristigen sozialen und ökologischen Folgewirkungen) – die „unerwünschten Nebenwirkungen".
Diese sind beispielsweise die Abhängigkeiten und die Sinnentleerung durch eine übermäßige Spezialisierung und Arbeitsteilung und/oder die negativen Auswirkungen des Klimawandels und das Leid der Tiere in der Massentierhaltung.

(3) **Weniger Nehmen, mehr Geben. Maß halten**. Mit nur sehr wenigen Ausnahmen führen Übertreibungen **nicht** zu Entwertungen.
Daher: Weniger Übertreibung bei Werten und mehr **Balance** mit „Brüder-/Schwesterwerten":
Freiheit und Achtsamkeit, Eigenverantwortung und Solidarität,
Gerechtigkeit und Einfachheit, Effizienz und Sinnhaftigkeit,
Wohlstand und Anstand, ...
Und: Mehr Chancengleichheit und Respekt und weniger Egoismus.

(4) Mehr **Bewusstsein und Anstrengung** für den Kampf gegen die Ursachen von **Krieg, Terror, Millionen Menschen auf der Flucht**, den **Hungertod von Millionen von Menschen**, dem **Leid von Tieren** in der Massentierhaltung, gegen **Armut** und gegen **Arbeitslosigkeit**.
Die (nachhaltigen) Lösungen von Problemen kann nur gelingen, wenn viel mehr Energie und Entschlossenheit in das Finden und Beseitigen der **wirklichen Ursachen** aufgebracht wird.
Die **Analyse** ist der wichtige – aber auch der schwierigere – erste Schritte bei der Lösung von Problemen.
Viel öfter und wiederholt muss die Frage nach dem **WARUM** gestellt werden. **Warum, warum, warum?**
Sind die wirklichen Ursachen gefunden, dann liegen die Maßnahmen oft sehr nahe.

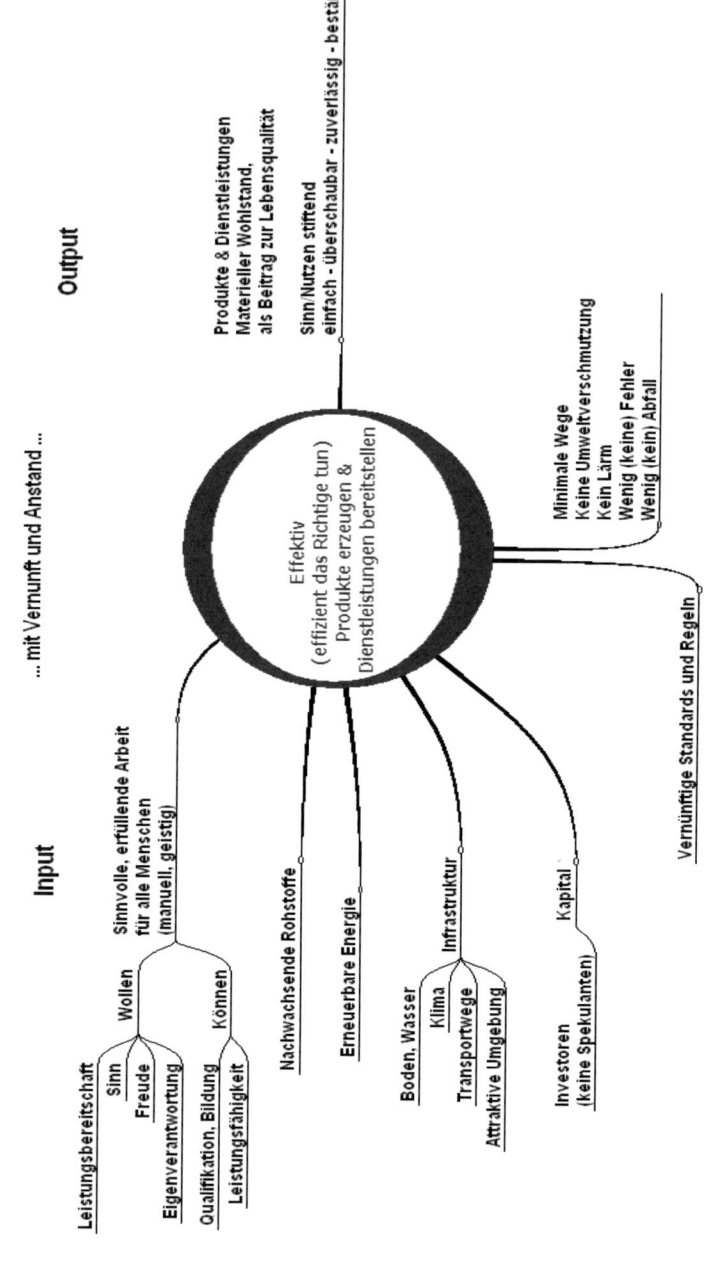

Lebensqualität mit Verantwortung

Dem gerecht zu werden, muss das Ziel sein. Dabei würde es gut tun, wenn ...

- die Kluft zwischen Arm und Reich kleiner und nicht größer wird.
- der Beitrag für die Entwicklungshilfe an arme Länder mehr ist, als ein beschämend geringes Almosen.
- mit Ressourcen verantwortungsvoll umgegangen wird und nicht Millionen Tonnen Lebensmittel im Müll landen.
- das Wirtschaftssystem nicht nur bei Wachstum funktioniert.
- Steuergelder nicht für aufgeblähte und redundante Verwaltungsstrukturen verschwendet werden.
- der Regulierungswildwuchs und der Prestigeföderalismus ein erträgliches Ausmaß einnimmt und Investitionen nicht nach dem Regionalproporz verteilt werden.
- mehr Sachlichkeit und Professionalität in der Politik für effektive Lösungen der Aufgaben sorgt.
- Prävention im Gesundheitswesen den notwendigen Stellenwert bekommt und Doppelgleisigkeiten, falsche Diagnosen und Therapien und unnötige Medikamente Ausnahmen sind.
- die Kinder- und Jugendgesundheit hohe Priorität bekommt und wirksame Maßnahmen gegen Übergewicht, Essstörungen, chronische Entwicklungs- und psychosoziale Störungen gesetzt werden.
- entsprechende Anpassungen erfolgen, um dem demografischem Wandel in der Gesellschaft bei der Beschäftigung, Gesundheit und Pflege und bei den sozialen Sicherungssystemen gerecht zu werden.
- die verklausulierte Sprache, Intransparenz und der Paragrafendschungel in unserer Rechts(un)ordnung beseitigt wird und Gerechtigkeit und Überschaubarkeit Priorität bekommen.

- in einem effektiven Ausbildungswesen (Problem-) Lösungskompetenz (z. B. Zusammenhänge von Ursachen und Wirkungen) vermittelt wird - und weniger Wissen mit einer Halbwertszeit von Stunden.
- der Massentierhaltung Einhalt geboten wird und die Tierschutzstandards ihren Namen gerecht werden.
- die CO2-Emissionen, die Verschmutzung der Böden und die Verunreinigungen von Luft und Wasser reduziert werden.
- Lärm und Lichtverschmutzung reduziert wird.
- Lebensmittel nicht über Tausende Kilometer transportiert werden (etwa aufgrund obskurer Exportförderungen), obwohl sie um die Ecke wachsen (könnten).
- Betriebe und Ämter die Qualität und Kundenorientierung leben und weniger darüber prahlen.
- langlebige und nützliche Produkte und Dienstleistungen produziert werden.
- instand halten, reparieren lohnender ist, als wegwerfen.
- der wie ein Krebsgeschwür wuchernde und aufgeblähte Bankensektor und Kapitalmarkt wieder das macht, was seine Aufgabe ist.
- Spekulanten und Abzockern Einhalt geboten wird.
- die Lügen und Halbwahrheiten in der Werbung verschwinden und das erbärmliche Werbegebrüll verstummt.
- weitere Maßnahmen gesetzt werden, um Unfälle im Verkehr und in der Freizeit zu reduzieren.
- die Strategien zur Katastrophenvorsorge verstärkt und effektive Frühwarnsysteme eingesetzt werden.
- der PKW-Verkehr für die Kosten von Umwelt- und Unfallschäden aufkommt und damit Bahnen, Busse, Fahrräder, Leihautos sinnvoll miteinander vernetzt werden.

- Familien und der Kindererziehung die Beachtung zu Teil wird, die notwendig ist, um eine bessere Welt von morgen zu ermöglichen – und, wenn
- Werte, wie Bescheidenheit, Respekt, (Eigen-) Initiative, Neugier und Gerechtigkeit in der Gesellschaft mehr Normalität erlangen.

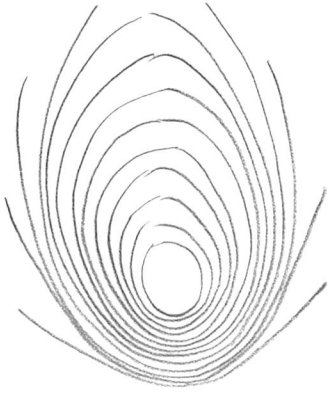

„Was du nicht willst, dass man dir tu, das füg auch keinem andern zu."
NN

„Alle Dinge sind Gift, und nichts ist ohne Gift. Allein die Dosis macht, daß ein Ding kein Gift ist." *Philippus Theophrastus Paracelsus*

Es gibt viel zu tun

Und es würde sich lohnen: Weil es auch sie gibt, die schönen und guten Seiten unserer Erde. Unser Planet ist einzigartig und voller Wunder.

Da sind ...
... die vielen Wunder der Natur, geformt von Sonne, Wind, Wasser und den Kräften im Innersten der Erde – vom Mythos der grünen Wälder, von eisigen Gletschern, sprudelnden Vulkanen und Wüsten bis zu den Tiefen der Meere.
... die vielen Sehenswürdigkeiten, Wunder der Baukunst, – von Menschen geschaffen – angeführt von den Weltwundern der Antike.
... die hervorragenden Erfindungen und Entdeckungen und großen Leistungen der Philosophen, Künstler, Forscher, Wissenschaftler, Architekten, Techniker in den Bereichen Naturwissenschaft, Kultur, Medizin und Technik – beispielsweise das Rad, der Buchdruck, die Elektrizität, das Telefon, Automobil, Flugzeug, Fernsehen, der Computer, das Internet, ...
Und – es gibt sie, die Menschen, welche ...
... sich ehrlich bemühen, wertvolle Produkte herzustellen bzw. Dienstleistungen anzubieten.
... uneigennützig helfen, fair sind und verantwortungsvoll leben und in der Regel versuchen mehr zu geben, als zu nehmen.

Ja, es ist ein einmaliges Privileg auf dieser Welt zu sein – auch, wenn es oft nicht leicht fällt und die Stimmung, durch das Leid und die Not vieler Menschen in unserer Welt, gedrückt ist.
Oft ist es auch die Angst vor der Zukunft, weil es oft viel leichter fällt zu ertragen, etwas nicht zu haben, als etwas zu verlieren.
Aber, ist es nicht doch in einigen Bereichen besser geworden?
Und, wer hindert uns daran zu arbeiten, mitzuhelfen, dass unsere Welt jeden Tag ein kleines Stück besser wird – und dass immer mehr Menschen daran teilhaben können?

Definitionen

Bruttoinlandsprodukt (BIP)
Das BIP fasst den Wert aller Waren und Dienstleistungen einer Volkswirtschaft zusammen. Vorleistungen bleiben dabei unberücksichtigt. Die Nationalität der einzelnen Arbeitskräfte spielt im Gegensatz zur Berechnung des Bruttonationaleinkommens keine Rolle. Das BIP ist von Veränderungen des Preisindex abhängig. Das nominale BIP wird in aktuellen Marktpreisen angegeben und steigt bei Inflation. So führt eine Inflationsrate von beispielsweise 5 Prozent bei gleich bleibender Güterproduktion zu einem nominalen BIP-Anstieg von ebenfalls 5 Prozent. Um das BIP unabhängig von Veränderungen der Preise betrachten zu können, verwendet man das reale BIP (BIP zu konstanten Preisen).

Eine **Währungsunion** ist ein Zusammenschluss mehrerer souveräner Staaten, mit gemeinsamer Währung und Währungspolitik. Sie ist die höchste Stufe der wirtschaftlichen Integration von Ländern.
Das Hauptziel der Europäischen Wirtschafts- und Währungsunion war die Ergänzung des Europäischen Binnenmarkts durch eine gemeinsame Währung mit hoher Preisniveaustabilität.

Die **Finanztransaktionssteuer** gehört zu den Kapitalverkehrssteuern und funktioniert wie eine Mehrwertsteuer auf Finanztransaktionen, wobei der Staat den Handel mit Finanzprodukten mit einer minimalen Steuer mit Steuersätzen (0,01 bis 0.5 %) belegt.

economy of scale
"Skalenerträge" ergeben sich, wenn die Produktionskosten pro hergestellte Einheit mit zunehmender Produktionsmenge abnehmen. So ist eine vollautomatische Produktion erst ab einer gewissen Menge rentabel. Der Hersteller hat auch mehr Marktmacht gegenüber seinen Zulieferern, wenn er mehr produziert und kann so zu günstigeren Preisen einkaufen.

Bücher

Diagnose Übermaßunmäßigkeit
Die Gier der Lemminge

252 Seiten, ISBN: 978-3-8370-9571-5

Ein Buch über die Grenzen des Wachstums, über Geld und Gier und über die Unmäßigkeit in Bankkreisen, im täglichen Leben, in der Politik, im Sport und in der Wirtschaft. Das Buch ist auch ein Nachschlagewerk und erklärt wirtschaftliche und finanzpolitische Zusammenhänge und gibt Hinweise für Anlagestrategien. Neben vielen Daten und Grafiken kommen Moral, Gerechtigkeit und Psychologie nicht zu kurz. Der Bestandsaufnahme und der Analyse folgen eine Vielzahl von Lösungsmöglichkeiten für eine bessere Welt für alle Menschen.

Integration von Qualität
Methoden, Werkzeuge und Systeme

212 Seiten. ISBN: 9783839107195

Der Treibstoff für verantwortungsvolles Handeln ist Qualität – Zusagen einhalten, Vertrauen rechtfertigen, Erwartungen erfüllen. Das erfordert die Integration von Qualität in Organisationen und Unternehmen, in Politik und Wirtschaft, Verwaltung und Bürokratie und in die vielen Bereiche des täglichen Lebens.

Ein Plädoyer für das richtige Maß
Ethik, Moral und Qualität in der Wirtschaft, Politik und Gesellschaft

92 Seiten. ISBN: 978-3-86858-566-7

"Ein Plädoyer für das richtige Maß" ist eine kritische Auseinandersetzung mit dem Zeitgeist: Direkt, bissig, Fakten orientiert – und persönlich. Der Bogen spannt sich vom richtigen Maß in der Wirtschaft, Politik und in der Gesellschaft für die Bewältigung der großen Probleme der Menschheit, über das richtige Maß für den Einzelnen für ein gelingendes Leben, bis zum Unbeeinflussbaren – Zufall oder Schicksal.

Wie viel Verrücktheit geht noch?
Warum die Welt so st, wie sie ist

144 Seiten, ISBN 978-3-8423-3639-1

Die Verrücktheit ist keine Erfindung unserer Zeit. Aber sie wird gefährlicher – die neuen Möglichkeiten und die globale Vernetzung machen die Auswirkungen immer gravierender. Die Themenblöcke: Verrücktheit im Alltag, Abzocker unterwegs, Maßlosigkeit und Schuldenmachen, Verrückter Finanzmarkt, Lösungskompetenz der Politik, Versuch einer Ursachenfindung, Charaktere um (in) uns und Geschichten die Hoffnung machen.

Besser tun

108 Seiten, ISBN: 978-3-8391-8020-4

Besser tun wird der vernünftigere Weg in die Zukunft sein – in der Politik und Gesellschaft, im Großen und im Kleinen, im Alltag und im Miteinander. Wo es mangelt und was gut täte.
Im Anhang dieses Buches gibt es Daten und Fakten, welche nach einem Bessermachen schreien. Diese Herausforderungen zu meistern, dass ist es, worum es wirklich geht.
Und es würde sich lohnen, denn unsere Erde kann so unglaublich schön sein, herrliche Landschaften, faszinierende Natur, grandioses und geniales Menschenwerk. Und mit mehr Qualität und Moral in der Politik und Gesellschaft könnten viel mehr Menschen daran teilhaben.

Notizen